51歳の初マラソンを3時間9分で走ったボクの練習法

【大活字版】

鶴見辰吾

はじめに

２０１５年3月15日、僕は地元で初開催の第１回横浜マラソンに参加した。ロードバイクに乗っていたため、ある程度体は絞れていたものの、本格的なランニングは未経験。というより、長距離を走るのは学生時代から苦手だったし、ハッキリ言って大嫌いだった。

そんな僕が、ひょんなことから横浜マラソンを走ることになり、未経験だったランニングを始めたわけだが、結果として3時間12分58秒で完走した。自分でも驚きの好タイムだったものの、後に距離が１８６・２m足りなかったことが発覚し、〝幻の初マラソン〟となってしまった。

本当は2度目のマラソンを走るつもりはなかったのだが、地元横浜を盛り上げたいという想いも手伝って、翌年の第2回大会でのリベンジを決意。第１回大会での好タイムに勢いをつけ、今度は3時間切り（サブ３《スリー》）という高い目標タイムを公言し、自分を鼓舞して臨んだ。

その結果は3時間9分27秒。前年のタイムは更新したものの、3時間切りには及ばなかった。

振り返ると、第1回大会はある意味、無欲だった。スタートからあまり無理することなく、とてもリラックスしたいい走りをして完走することができた。もちろん終盤は苦しかったものの、自分の身の丈の走りができたように思う。

ところが第2回大会は、欲が出て3時間切りを目指したばっかりに、自分の身の丈以上のハイペースで突っ込んだ。そして終盤、強烈にツケが回ってきた格好だ。

後に知ったことだが、序盤からオーバーペースで突っ込んで、後半失速するのは、とくに初心者に多い典型的な失敗例なのだそうだ。

そうはいっても51歳で3時間9分というタイムは、周囲の人に言わせると「かなりよいタイム」「上級者レベルのタイム」とのこと。それも事実上の初マラソンでのことだ。

前述のように、長距離走は大の苦手で大嫌いだった僕が、どうやって周りの人が言ってくれるところの「上級者レベルのタイム」を刻むことができたのか。その練習法や食事法、それにマラソンの上達に役立つロードバイクについても語っていきたいと思う。

僕の経験が、とくに同世代の御同輩たちに走るきっかけや勇気を与えることができたら、著者としてこの上ない喜びだ。早速、話を始めることにしよう。

横浜マラソン2016（3月13日）　3時間9分27秒

	スプリット	ラップ
スタート	00：01	
5 km	19：34	19：33
10km	39：49	20：15
15km	1：00：38	20：49
20km	1：21：32	20：54
25km	1：43：31	21：59
30km	2：05：55	22：24
35km	2：30：46	24：51
40km	2：57：42	26：56
ゴール	**3：09：27**	11：45

横浜マラソン2015（3月15日） 3時間12分58秒

	スプリット	ラップ
スタート	00：02	
5 km	21：37	21：35
10km	43：38	22：01
15km	1：06：14	22：36
20km	1：29：00	22：46
中間	1：33：58	4：58
25km	1：52：09	18：11
30km	2：15：11	23：02
35km	2：38：39	23：28
40km	3：02：41	24：02
ゴール	**3：12：58**	10：17

目次

51歳の初マラソンを3時間9分で走ったボクの練習法

第1章　〝初マラソン〟で3時間切りを目指す

第2章 知識ゼロからのフルマラソン

第3章 ロードバイクはマラソンの素地づくりに最適

第4章 鶴見式コンディショニング術

第5章

人生50年目でマラソンから教わったこと

第1章

〝初マラソン〟で3時間切りを目指す

リベンジの日がやってきた！

その日は早朝4時、目覚ましの助けも借りず、ごく自然に目が覚めた。カーテンの隙き間から外を覗くと当然、まだ真っ暗。日の出の気配はどこにもない。

そんな暗闇の中、「よおし！」という手応えを感じていた。寝起き直後に「ああよく寝た」という感覚が得られていたからだ。十分な睡眠をとれたおかげで頭はスッキリ冴えているし、体のどこにもダルさはない。

もともと朝6時前には必ずベッドを出る生活をしているのだが、ここ1週間はとくに早朝に起きる習慣をつけてきた。今日という日にピークをもってこられるよう、僕なりに体のリズムを作り出してきたのだ。

無意識にカレンダーを見る。今日は２０１６年3月13日の日曜日。横浜マラソンの開催日だ。僕にとってはある意味、とうとう、というか、いよいよやってきたリベンジの日でもある。

緊張や気負いは不思議となかった。なにかにつけて僕は昔からそういう性格だ。ここまできたらジタバタしてもしょうがないと、さっさと腹をくくってしまうのだ。思えば俳優という仕事でもそう。完璧とはいえない状態でも、たいがいの場合、本番の集中力でなんとかしてしまう。まあ、これはあまり自慢できることではないかもしれないけれど。

いつものように、ストレッチと準備運動を入念にやる。肩や股関節、全身の筋肉が徐々に覚醒してくるのが実感できる。

それが終わるとようやく5時、外はまだ暗い。ダイニングルームで妻が作ってくれた朝食をいただく。

メニューは焼きおにぎりと赤飯のおにぎりを1つずつ、そして赤出しの味噌汁。僕につき合ってこんなとんでもない早朝に食事を作ってくれる妻にひたすら感謝しつつ、予定通り、レース3時間半前にエネルギー源をしっかりチャージ。

体は完全にスイッチオン、準備は万端だ。

6時少し前にようやく太陽が顔を見せる。天気は晴れ。予報によると最高気温は10・9度とマラソンにはうってつけのコンディションだ。天候も味方してくれているようで、ますますいい感触を得る。

僕の住んでいる保土ヶ谷から横浜マラソンのスタート地点、「横浜ベイクォーター」までは、バスを使って30分ほどの距離。自宅で朝食を済ませてバスで会場入りするというのは、やはり地元ならではの強みだろう。

しかもありがたいことに、ゲストランナーという扱いだったので、他のみなさんよりややゆっくりめの集合時間となる。遠方から来て参加しているランナーに比べて、つくづく恵まれているなぁと感謝しながらバスに乗って会場に向かった。

甥っ子姪っ子たちの〝マイ応援団〟

横浜ベイクォーターに到着した僕を迎えてくれたのは、妻の兄弟やその子どもたちの甥っ子姪っ子。朝からわざわざ応援に来てくれたのだ。

甥っ子たちのうち、1人はこの春の大学受験に見事現役合格、もう1人は中学受験でこちらも見事に志望校合格を果たしていた。

「じゃあ、あとは僕がレースで3時間を切るだけだね。みんなで目標を達成していい春にしよう」

のんびりそんなことを言うと、

「辰吾さん、ずいぶん落ち着いているんだなあ」

甥っ子の1人が意外そうに言う。僕がもっとピリピリしていると思っていたのか、みんなちょっと肩すかしを食ったようだった。

それというのも、スタート前の会場の雰囲気が実に和やかだったからだ。

昨年の第1回大会で一緒に走った、オリンピック2大会連続メダリストのエリック・ワイナイナさんの姿を見つけ、挨拶をしてお互いの健闘を祈った。

見知らぬ何人ものランナーからも、

「鶴見さん、頑張ってくださいね！」

「3時間切り、期待してますよ！」

と声援をもらった。同じランナーとして仲間として温かく迎えてもらっている、といううれしさがこみ上げてくる。

記念写真を撮ったり歓談をしているうちに時間はあっという間に過ぎ、〝マイ応援団〟に別れを告げて、スタート地点の「みなとみらい大橋」へと移動する。

AからGまでのスタートブロックのうち、僕のポジションは最前列のAブロック。レース参加者は2万5000人ほど。何げなく後ろを振り向くと、広い橋はランナーで埋め尽くされている。まるで有名アーティストのコンサート会場のような人、人、人の群れ。

その雰囲気に気圧《けお》される、ということはまったくなかった。後々詳しく説明するが、僕は何度かロードバイクのレースでシビアな経験をしていたからだ。

ロードバイクのレースのスタート地点では、数千人単位の選手が全員ピリピリと緊張していて、あちこちで相手を牽制し合う怒号が飛び交う。

たとえていうならノルマンディ上陸作戦決行直前の雰囲気。いや決して大げさではない。いつどこから流れ弾が飛んできて死ぬかもしれないという心持ちにさえなる、超シビアな世界なのだ。

それに比べたら、マラソンレースのなんとピースフルなことか。

とはいえ、僕は生半可な気持ちでこのレースに参戦しているわけではない。なぜなら、フルマラソン3時間切り（サブ3《スリー》）という大それた目標を公言し、それを本気で達成しようとしていたからだ。

そう、緊張こそしていなかったが、胸の内では密かに闘志を燃やしていたのだ。

そして8時30分ジャスト。パンッという渇いたピストル音とともに横浜マラソンがスタートした。

「サブ3作戦」で、いざ目標達成

Aブロックからスタートするランナーの多くは、いわば精鋭ランナー。号砲一発とともに、みんなかなり速いスピードで走り出す。だが、その勢いにつられて走るのは御法度。自分のペースを見失うことになるからだ。

この日、僕はノープランでレースに臨んだわけではない。多くのランナーが実践し

■横浜マラソン「サブ３作戦」

到達距離	ペース（/1km）	到達時刻
10km	４分	９時10分
20km	４分６秒	９時51分
折り返し地点	４分15秒	９時55分
30km	４分15秒	10時33分
35km	４分24秒	10時55分
ゴール	４分30秒	11時28分
ゴールタイム	**２時間58分**	

ていることだと思うが、スタート地点から一定距離までのラップタイムと到達時刻を想定し、それに則って完走するつもりでいた。名づけて「サブ3作戦」だ。

10㎞地点までは1㎞4分ペースで走って9時10分に到着、次の20㎞地点までは1㎞4分6秒ペースで走って9時51分に到着、という具合。この通りにいけば2時間58分でゴールできるはずだ。

誰かにプランを立ててもらったわけではなく、本などの情報を参考にじっくり検討して、3時間を切るならこれくらいのペースで行くしかないと取り入れることにした数字だ。

みなとみらい大橋から「赤レンガ倉庫」を左手に見て「横浜スタジアム」「山下公園」「港の見え

る丘公園」を過ぎると、やがて10km地点。5kmから10kmのラップタイムは20分15秒、1km4分強のペースを維持できていた。

「サブ3狙うんだったら、ちょっと速いよ！」

後ろからやってきた1人のランナーが、そう言って僕を追い越して行く。「自分のほうがよっぽど速いじゃないか」と心の中で苦笑。彼はどれくらいのタイムでのゴールを狙っているのだろうか。

アドバイスをもらったものの、このくらいのペースでなければ3時間は切れない。そう信じて、僕は自ら攻めの走りに徹することにした。

「よし、このまま行けば2時間58分くらいでゴールできるかもしれない」

この時点では、そう考えていた。

スタートから20km、横浜南部市場の折り返し地点では1km4分18秒とペースはやや落ちてきたものの、かろうじて想定内。

「2時間59分45秒くらいでゴールできれば十分」

少しハードルは下がったものの、まだ3時間切りは確実だと思っていた。ところが、だ。折り返し地点を過ぎてから、想定外の世界が待っていた。

命が少しずつ削り取られていく感覚

横浜マラソンは、コースの途中で「首都高速湾岸線」を走るルートが組み込まれているのが大きな特徴だ。

普段は走れない場所を走れる、というのがレースの目玉にもなっている。目線の高さで「横浜ベイブリッジ」を見ながら走る爽快感、などという謳い文句もあるのだが、僕は正直、

「こんな車の専用道路を自分の足で移動するなんて異常なことだな。マラソンだからいいけれど、もし大災害が起こってここを歩くことになったらこの風景、全然違って見えるんだろうな」

と妙に夢のないことを考えていた。

インターのキツい坂を上り切り、その高速道路に入ってすぐのことだ。右前方から猛烈な向かい風が吹きつけてきた。

風速5mの北東の風。スタート時にも少し強い風が吹いていたが、ここは遮るものの一切ない高速道路だ。たかが風速5mといっても侮れない。

〝下界〟とは違って風がもろに全身を襲い、行く手を阻んでくる。思うように前進することができなくなり、一気にペースが落ちる。

ここで初めて、

「まずい、無理かもしれない」

という思いが頭をよぎった。そのとき、

「鶴見さん！　1人で走ってるとバテるよ！」

「一緒に走ろうよ！」

と、周りのランナーから何度も声をかけられる。単独走より集団で走るほうが風の抵抗を減らすことができるのだ。

こうした仲間たちからの声かけをありがたいと思いながらも、しばらく単独走を続けた。なかなか自分のペースに合う集団が見つからなかったからだ。

案の定、20kmを過ぎてからのラップタイムは5km20分台を維持できず、ペースはどんどん落ちていく。向かい風の影響はもちろんある。が、気象条件はどのランナーも同じだ。

スタミナがジワジワと削られていくのが分かる。前半飛ばし過ぎたツケが回ってきたのだ。周りに流されたわけではなく、自分で意識してハイペースで突っ込んでいったつもりだが、計算が甘かった。と、そんな分析をしたのは後になってからのこと。

このときの心境といえば、

「もう無理だ。せめて3時間切りに近づいたという証しになるような走りをしよう」

25km地点でようやくペースの合う集団に出会い、30km地点まで一緒に走る。それでも風は襲ってきたけれど、少しだけペースを持ち直すことができた。

距離が増すごとにラップタイムは落ちていたものの、それまで急降下していたペースを下げ止めることができたのは、この集団走のおかげだ。

30kmを過ぎたあたりで集団と別れた。というか、集団のペースについて行けなくなったというのが本当のところ。このままついて行ったら、残りの距離を走り切れなくなるかもしれないという不安に襲われたのだ。

やがて、高速を降りて再び一般道へ。風はそれほど強く吹きつけてこない。が、いかんせん体が言うことをきかない。脚が前に出ない。頭が朦朧《もうろう》としている。どこかが痛いとか呼吸が苦しいというのとは違う、一歩踏み出すごとに生命力が奪われ、命が少しずつ削り取られていく感覚だ。

ロードバイクのレースでのピリピリとした緊張感や恐怖感とはまるで違い、刻一刻と寿命が縮まって行くような感覚だ。こんなに怖い感覚を味わったのは、生まれて初めてだった。

「ダメだ、もしかしたら途中で止まってしまうかもしれない」

35km地点で、遂にそんな思いに囚《とら》われてしまった。

「甥っ子たちは頑張って受験を突破したのに、自分ときたらなにをやっているんだ」

「3時間切るなんて言わなきゃよかった」

「なんでマラソンなんか始めちゃったんだろう」

　このときの僕は、これ以上ないくらい最悪の精神状態に陥っていた。

馴染みの寿司屋でマラソン参加が決まる

　２０１６年3月の時点で、僕のランニング歴はわずか1年半。マラソンランナーとしては初心者といってもいい。そんな僕が、なぜフルマラソン3時間切りなどという大風呂敷を広げたのか。ここで時間を遡《さかのぼ》って説明しておきたい。

　最初のきっかけは、驚くほど些細なことだった。２０１４年7月のある夜、僕は横浜駅近くにある馴染みの寿司屋で食事をしていた。いつものように店主と会話をしながら寿司をつまんでいると、彼がこう切り出してきたのだ。

「鶴見さん、知ってました？　今度横浜で市民マラソン大会が初めて開かれるそうですよ」

「そうなんだ、知らなかった」

「コースの一部で高速道路を走るらしいですよ」
「へぇ～、それは面白そうだね」
「そうでしょ、一緒に走りませんか？」
「えっ？」

それまでの僕は、健康のためにたまにジョギングを嗜《たしな》むくらい。走ったとしても30分程度で、とてもランナーとはいえないレベル。マラソンを走るなんて夢にも思っていなかった。

実は横浜では1981年からランニングのレースが開催されてきたが、ハーフマラソンや10㎞といった〝長距離走大会〟に過ぎなかったという。それが2015年、「横浜マラソン」と新たに名称を変え、長年の市民の念願だったフルマラソンが導入されるという話だった。

これまでとはコースも一新され、横浜の沿岸をスタートして観光スポットが十二分に堪能できるルートが組まれるらしい。

東京生まれの僕が横浜に住み始めてもう18年。時間をかけて街への愛着もそれなりに育んできた。その横浜で初めての本格的な市民マラソン大会が開かれるなら、「出てみてもいいな」とふと思った。

「10㎞とフルマラソンがありますけど、どっちがいいですか？」

「せっかく走るんだったら、やっぱりフルマラソンでしょう」

気づいたときには、寿司屋の店主にそう答えていた。

僕がこんなふうにさらっと答えてしまった理由は、なにも地元愛がすべてというわけではない。心のどこかに一生のうち一度はフルマラソンを完走してみたいという気持ちがあったのだ。

それは日本人なら一度は富士山の頂上まで登ってご来光を見たい、というのと同じ。そんなふうに死ぬまでにやってみたいことの1つが、フルマラソン完走だったのだ。

自転車乗りの意地にかけて

ぼんやりと遠くにあった〝やってみたいこと〟が、いきなり目の前で具体的な姿を現した。人生はいつ、なにが起こるか分からない。

これ以降とんとん拍子で話は進み、8月には横浜マラソンに正式なエントリーを果たした。

最初の目標はもちろん、まるで未知の距離である42・195㎞を完走すること。ただ、後で詳しく語ることになるが、僕は長年ロードバイクをやってきたので、持久力にはある程度の自信がある。

市民ランナーが目指す目標の1つ、4時間を切れればいいなという図々しい気持ちもどこかにあった。その目標が思わぬ方向にシフトしたのが2014年の暮れ、自転車仲間の忘年会でのことだった。

「今度、フルマラソンに出場することになりました」

忘年会に出席していた自転車仲間に、僕はそう報告した。その中にいたのが2004年のアテネオリンピックMTBクロスカントリー日本代表の竹谷賢二さん。彼が目標タイムをズバッと尋ねてくる。

「できれば4時間切りを狙っているんですけど……」

そう答える僕に、

「ダメですよ、それじゃ！」

竹谷さんは、なぜか猛然と反論。たじろぐ僕。

「辰吾さんはロードバイクをこれだけやってきたんだから、4時間切りなんて自転車乗りみんなが納得しないです。3時間半は切ってください！」

「3時間半？　いやあ、それは無理でしょう」

「いやダメです！　3時間半は切ってください。自転車乗りの意地にかけて！」

自転車乗りの意地、と言われてしまってはもう言い訳はできない。なぜなら僕の人生に大きな影響を与えてくれたのは10年前に出会ったロードバイクと、ロードバイクに乗ることで得た仲間だからだ。

「分かりました……頑張ります」

覚悟を決めたその年の暮れの12月29日、僕は50歳の誕生日を迎えた。

仲間うちでの宣言だけなら、まだよかった。ところが年が明けると、所属事務所のホリプロがスポーツ新聞の記者のみなさんを集めて会見を開く手はずを整えていたのだった。

むろん、この記者会見は僕の望んだところではない。だが、もう気分はまな板の上の鯉。ジタバタしてもしようがない。その場で3時間半切りを公に宣言することになってしまった。

「50歳で初マラソンというのはすごいですね」

「ランニング歴は相当なものなんでしょう？」

「これまでフルマラソンの練習をしたことはあるんですか？」

矢継ぎ早に飛んでくる記者の質問に、

「いや、ランニング歴もマラソンの練習をしたこともまったくないです」

と、僕。記者の方々の顔には、はっきりとこう書いてあった。

(大丈夫なのかな？)

(この人そんな宣言しちゃって……)

(完走できなかったらどうするんだろう)

「3時間半なんて無理だよ普通。オレなんか10年走ってるけど3時間半切れたのなんて最近だもん」

「35km地点から絶対、脚が動かなくなるよ」

会見後、周りのフルマラソン経験者からいろいろな情報が入ってきたけれど、かえって宣言したことで気持ちがスッキリした。自分にテーマや課題を与えたほうが、モチベーションの維持につながると思ったからだ。しかも、そのテーマや課題は高く設定してこそ到達しがいがある。

こうして僕は、人生初のマラソンにさらに前向きな気持ちになっていったのだった。

最高の瞬間が訪れた

記者会見の3か月後、あっという間に大会本番の3月15日がやってきた。記念すべき第1回横浜マラソンに参加する地元芸能人ということで、僕は初マラソンにもかかわらずゲストランナーとして参加することになった。

同じゲストランナーには10kmで間寛平さん、フルマラソンでエリック・ワイナイナさんが名を連ね、なんとも恐縮してしまう。

このときも緊張はとくにしていなかった。強いて言うなら竹谷さんとの約束、3時間半切りをギリギリでもクリアできればいいな、という気持ちだけ。つくづく僕は開き直るのが得意な人間だと思う。

パンッというピストルの音とともに、先頭のAブロックからスタート。コースの一番左側をとにかく自分のペースを保つことを意識して走り始める。

このときの僕はノープランだった。どんなペースで走り、どの地点に何時までに到着する、といった作戦などまったく立てていなかった。

途中、エイドステーションにバーテンダーがいてノンアルコールのドリンクを出してくれる。手渡されたそれを飲んで、「いかにも横浜らしくていいな」と浮かれていたくらいだ。

今、考えると相当にお気楽だったと思う。ただラッキーだったのは、地元「テレビ神奈川」で横浜マラソンの中継があり、僕とともに2人のペーサーが走っていたこと。

各地点でスタンバイしているカメラクルーに、僕の通過タイムを知らせるのが彼らの役目だ。とくに走りに関するアドバイスをくれるわけではないけれど、一定の地点ごとにペースとタイムを伝えてくれる。

最初の1㎞は4分を切るペース。5㎞までのラップタイムは21分。ペーサーがごく機械的な口調で、

「このままのペースだと2時間○○分でゴールします」

などと言う。ご冗談を！

そんなわけはないが、当時の僕としては5㎞のラップタイム21分というのはかなり速い。このペーサーが口にする数字が結構目安になり、後半も思ったよりペースを落とすことなく走ることができた。

「この調子なら、3時間半をギリギリ切れるかもしれない」

そんな確信も徐々に出てきた。そうこうするうちに、やがてランナーの鬼門、35㎞地点を通過。苦しくなかったといえば嘘になる。けれど、ランナーのみなさんがよく言うような、

「脚が前に出ない」

「もういっそ歩いてしまいたい」

という状態にはならなかった。


応援してくれる沿道の方々に反応する余裕もあったし、ラストの200mでは自分からスピードを上げて走り抜けた。

「ひょっとすると僕はロードバイクで長距離を走っていたから、普通の人より35kmの壁を感じにくいのかもしれない」と思ったくらいだ。

ゴールタイムは3時間12分58秒。3時間半を大きく上回った。周囲も驚いていたが、一番ビックリしたのは僕。

このゴールの瞬間、

「こんな形で自分にとって最高の瞬間が訪れることがあるんだな」

新しい自分を発見したような、これまでとは違う可能性が見えたような感慨に浸っていた。

幻の初マラソン

手つかずの扉を開けたら、まだこんなにも未知数の世界が広がっていた。記者会見で、「この人大丈夫なの？」という顔をしていた記者のみなさんからもお褒めの言葉をいただいた。誇らしい気持ちでいっぱいになった。

ところが、好事魔多し。レース後、半月以上経った4月7日のこと。横浜マラソンの組織委員会がフルマラソンのコースで距離が１８６・２ｍ不足していたことを発表した。首都高速の距離が事前に正確に計測できなかったことが原因だという。

このため日本陸上競技連盟の公認コースにはならないとのことだった。ＮＨＫのニュースでそれを知った僕は、「こんなこともあるんだな」というくらいの感想。あまり事の重大さを感じていなかった。

横浜の一般道を楽しく走らせてもらっただけで十分満足。そう思っていたからだ。

その後、ワイドショーなどでもこの話題が取り上げられ、世間では怒っている人が少なくないことを知った。中には「参加費を返せ」という人たちもいたようだ。

確かに僕も3時間29分くらいのタイムでゴールしていたら、もっと違う印象を持ったかもしれない。目標タイムギリギリで走った人たちは、不足分の距離をプラスすることになるわけだから、やはりガックリしてしまうだろう。

僕としてはちょっと距離が足りないくらいで横浜マラソンを悪く思う気持ちにはなれなかった。地元の人たちがボランティアで大会運営を支えているのも見ていたし、高速道路の補償費が赤字覚悟の膨大な費用であることも知っていた。

そんなにまでして楽しませてくれたんだからもういいじゃないか、と。

それでもSNSなどでは批判の声がとどまることがなかった。そうこうするうちに、僕の中でこんな気持ちが芽生えてきた。

「僕にとってあれは〝初マラソン〟じゃなかったってことだ。なら来年、本当の意味での〝初マラソン〟で3時間を切ってレジェンドになってやる」

そんな図々しいことを考えて、またしても無謀な宣言をしてしまった。思えばこれが悲劇の始まりだった。

1人で走ってるんじゃない

あんなこと言うんじゃなかった……。

1年後の2016年、同じ横浜マラソンの35km地点以降で地獄の苦しみにあえぐ僕の頭の中は、そんな思いでいっぱいになった。

エイドステーションで一度足を止め、しっかりドリンクを飲み切ってから再び走り出すということを繰り返した。こんな満身創痍《そうい》の状態は、去年のレースではなかったことだ。それくらい体力を消耗していた。

「35km」「36km」と1kmごとに設置された看板の間隔が、とんでもなく遠く感じられる。ちょっとしたスロープを急峻《きゅうしゅん》な山のように感じる。

風のせいだけじゃない。最初に飛ばし過ぎると、こんなにも体力が奪われてしまうのか。マラソンという競技でそれなりの記録を目指すからには、最初から最後まで緻密に組み立てていかなきゃダメなんだ、ということを身をもって思い知らされた。

「このままいくと去年より悪いタイムかもしれない。どうしよう」

すでに頭は朦朧《もうろう》としていたが、歩くことだけは避けたいという意地だけで、かろうじて足を動かし続けていた。周りからは、かなり辛そうな姿に見えたと思う。

だが、捨てる神あれば拾う神あり。もうすぐ山下公園という37㎞地点のことだ。観客が少ない沿道に僕より少し若い男性が１人、立っていた。僕が通り過ぎる瞬間、その男性がパッとゼリー飲料を差し出してくれたのだ。


沿道の観客の中にはこういう奉仕の精神をもった、天使みたいな人が時折いる。ふだんの僕なら、気持ちだけいただいて手に取ることはなかっただろう。でも、そのときは心身ともに差し迫った状態。無意識にゼリー飲料を受け取り、一気に口にした。

すると、それまで朦朧としていた頭がエネルギーを注入したせいか少しスッキリした。まるで気つけ薬を飲んだかのように、気力が戻ってきたのだ。去年走ったゴールまでの距離感が蘇ってきて、

「あともうちょっと頑張ればゴールだ、頑張ろう！」

と、僕の中の元気が復活した。

沿道から僕を名指しで応援してくれる人たちがいる。

「鶴見さん、頑張って！」

「3時間、3時間！」

「鶴見さーん、まだ行ける行ける！」

ゲストランナーの僕はゼッケン番号ではなく、名前を背負って走っている。だからこそ、ここで挫《くじ》けるわけにはいかない。沿道からの声援に勇気をもらって、ただひたすらゴールを目指した。


1人で走っているようで1人じゃない。沿道のみなさん、うちの妻、朝早くから応援に来てくれた甥っ子姪っ子たち、この日に仕事を入れないでくれたマネージャー、この大会を運営してくれている横浜の地元の人たち。

「そんな人たちと一緒に走っているんだ」と改めて感じた。その思いが僕をゴールまで運んでくれた。ただ、応援してくれる人たちには手を軽く上げるのが精いっぱい、なんの反応もできなかったのは情けなかったけれど。

ゴールテープを切った瞬間、

「生きて無事に帰ってこられた……」

心の底から、ただただ安堵。タイムは3時間9分27秒。去年のタイムをかろうじて上回ったことを知ったときは、本当に救われる思いがした。

3時間切りは達成できなかったけれど、悔いはなかった。

ゴール直後のインタビューを受けた後、控え室に行くまでのわずかな距離。全身のどこもかしこもが痛み、よろけるようにしか歩けない。

こんな体でどうやってさっきまで走っていたんだろうかと驚く。

「気力だけで走る」ということの意味が初めて分かった。

レースが終わった晩、一度自宅に帰ってから妻と一緒に中華街に出かけるときも、情けないほどのよろよろ歩き。点滅する信号に反応して軽やかに駆けて行く妻に置き去りにされた僕は、こんなことを考えていた。

僕だけじゃなく、レースに参加している全員がそうなのだろう。サブ3を狙う人も4時間を切ろうという人も、完走を目指す人も。それぞれの目標に向けて、自分の中で人生最大級のパフォーマンスを実現するために、なにもかもを振り絞っているに違いない。

第2章

知識ゼロからのフルマラソン

初回ランで猛烈な筋肉痛に

走るといってもジョギング程度、マラソンに関してはド素人の僕が、どうやって42・195㎞を走り切ることができたのか。ここでお話ししておこう。

2015年3月の横浜マラソンに向けて走り始めたのは前年の10月。レース本番の6か月前のことだ。

なにしろ本格的なランニング経験は、これまでまったくない。なにから始めたらいいのか見当もつかない。

とりあえず、ロードバイクを通じて知り合ったトライアスリートの白戸太朗さんに相談してみることにした。僕の周りでマラソンに精通した人物といえば、白戸さん以外に思いつかなかったのだ。

9月の末、ハワイで開催される「ホノルルセンチュリーライド」というロングライドイベントで白戸さんと毎年ご一緒している。

そのときに、

「今度、フルマラソンに出るんですけど、どうしたらいいですか？　１週間のうちどれくらい走ったらいいんでしょう？」

と、そんな質問をした。

そのとき、まだ白戸さんは僕が本気でフルマラソンを走るとは思っていなかったかもしれない。「正しい姿勢でゆっくり走ればいいですよ」というようなざっくりした答えが返ってきた記憶がある。

ホノルルから戻ってしばらくして、僕は初めてランニングの練習に取り組んだ。ラッキーなことに、自宅の近所には大きな公園があって６㎞の距離を信号なしで走ることができる。

まずは、その公園を１周35分で走ってみた。平均ペースは１㎞５分46秒。

その内容をメールで白戸さんに知らせると、

「ゆっくり走ってください。急いじゃだめですよ、急いじゃ」

という返事が。

「まずは週3回。ゆっくりと丁寧に気持ちのいいペースで走ってください。30分から60分で十分です。とにかく苦しいペースで走らないこと！」

僕のペースが速過ぎるということなのだろう。そのせいかどうかは分からないが、走った翌日、恐ろしいほどの筋肉痛に見舞われた。

朝、目覚めると体中のありとあらゆる筋肉が悲鳴を上げていたのだ。ベッドから体を起こすだけでもひと苦労。階段を降りるのも、あまりの脚の痛さに一段ずつそろりそろり。

下半身だけでなく、肩も鉛を背負ったように重く、なにをするにも全身の筋肉がギシギシいってスローペースでしか動けない。

まるで80歳くらいの老人になったようだった。

「こんな調子で大丈夫なのか？　フルマラソンなんて走れるのか？」

痛みのあまり不安になるくらいだった。

ロードバイクのロングライドで体力には自信があったつもりだが、ロードバイクとランニングでは体に受ける衝撃がまるで違うんだということを思い知らされた。

考えてみればそれもそのはず、ロードバイクはペダルに両足を乗せた瞬間、ある意味重力から解放される。あとは太ももの裏側、ハムストリングスを主に使ってクランクを回転させれば軽快に前に進み、下り坂では脚を動かす必要もない。

それに比べてランニングの動きは一歩一歩、空中にジャンプしては片足着地を繰り返すというもの。重力の影響を嫌でも、モロに受ける。そのとき体にかかる着地衝撃は、体重の約3〜5倍とされる。

とくに下半身、太ももやふくらはぎにそれだけの負荷が毎回かかるのだ。ロードバイクに乗っているときの身体感覚とはまるで違う。

体重がそれなりにある場合は、衝撃もより大きくなる。走り始めたばかりの初心者が、ヒザを痛めるのはそのせいだ。

「どうせ走るのならフルマラソンと、あまり深く考えずにエントリーしてしまったが、これは大変なことになったぞ」。このとき僕は事の重大さを改めて実感した。

想定外の長距離走

僕はロードバイクに乗っていたこともあって、ある程度は体が絞れていた。第1回横浜マラソンに向けて走り始めた時点での体重は65kg（身長は176cm）、体脂肪率は15%。もとより心肺機能と脚筋力は、ロードバイクで鍛えられている。ランニングの初心者といっても、体重を落として心肺機能や脚筋力を高めるという初歩のステップはクリアしていたわけだ。

しかし、ロードバイクとの最大の違いは、着地衝撃の有無。これを克服しなくては、マラソンで結果を出すことはできない。

そのためには、ひたすらロードでのランニングで着地衝撃に体を馴染ませていくほかない。

そして、2回目のランニング。体の痛みがとれず、ペースはガクンと落ちた。1km6分30秒超。初回と同じ6kmのコースを走ったが、40分以上かかってしまった。

ところが、だ。体の痛みがとれた3回目のランニングからだったと思う。走ることの気持ちよさに気づき始めた。

一定のリズムで足を運び、汗を流す爽快感。走った後の心地いい疲労感。ペースを少し上げても筋肉痛を覚えることはなくなった。

これ以降、走る距離はどんどん伸びていき、10㎞くらいは無理なく走れるようになっていった。こうなると、もう走ることが楽しくて仕方ない。

6回目のランニングは10月16日。この日、僕は時代劇の撮影で京都にいた。撮影は午後からだったので、午前中に走ることにした。グーグルマップで走りやすそうなコースを検索していると、僕のいるホテルから鴨川までは約4㎞あることが分かった。鴨川沿いをちょっと走って往復したとして10㎞。まあ、とにかく走ってみることにした。

京都の中心街、四条通り沿いに碁盤の目の街中を抜けて鴨川へ出る。川沿いにはジョギングロードがあり、ランナーの姿もたくさん見かける。

気持ちいい秋晴れの日で、風も穏やか。見晴らしがよく、開放感のある道を北へ北へと走っていく。

僕がこれまで走っていた自宅近くの6㎞のコースはアップダウンがとにかく多く、その起伏に対応するのが結構しんどい。それに比べて、ここ鴨川のコースはほぼ平坦。

「フラットな道を走るってこんなに気持ちがいいんだ！」

そう感じながら、さらに北へ走る。

鴨川西岸沿いの花街、先斗町《ぽんとちょう》を左手に見て、京都御所を通り過ぎ、と走っているうちにすっかり観光気分に浸ってしまった。途中、ハッと気づくともう10㎞以上走っていた。

これはマズい。同じ道を戻るとしたら20㎞以上、ハーフマラソンの距離を走ることになってしまう。

でもまあいいか、帰りは電車を使ってもいいし。とにかく気分がよかったので、さらに北へと進み、ジョギングロードが途切れたところで橋を東へと渡って折り返す。

フルマラソン、イケる！

帰り道はどうしようかなと思いながら走り続けているうちに、

「あれ？　このままイケるかもしれない」

「最後までイケるんじゃないか？」

「なんとか、イケそうだぞ」

で、結局ホテルまで走ってたどり着いてしまった。トータルの走行距離は23・9km、時間にして2時間14分。なんと、6回目のランニングでハーフマラソンを超える距離を1km5分36秒ペースで走ってしまった。

このとき初めて、

「あ、フルマラソン、イケる！」

と、確信のようなものが芽生えた。

周囲の人やネットの情報によれば、ハーフを走ればフルマラソンの完走はまず大丈夫とのこと。なら僕もこれで完走する可能性がかなり高くなったことになる。図々しくも、そんなことを思ってしまった。

やはり、これは長年続けてきたロードバイクのおかげだ。後にランニング指導者の金哲彦さんに伺ったことだが、長距離を走れる脚づくりより、心肺機能を養うほうが時間がかかるのだという。

ロードバイクはペースさえゆっくり保てば、初心者でも1日8時間、10時間と乗り続けることができる。

これを続けていけば長時間の運動に耐えられる心肺機能が身につく。ランニングほど体に負担をかけず、心肺機能を高めることができるわけだ。

体力に自信のない人は、まず自転車でスタミナをつけてからランニングを始めるという手もありだと思う。

この経験で川沿いを走ることの気持ちよさを知った僕は、よくロードバイクで走っていた地元の鶴見川沿いをランニングするようになった。

河川敷にはランナーもいれば犬を散歩させる人も、ロードバイクで走る人もいる。

ここをランニングするようになって気づいたことがある。ロードバイクがすぐ横をものすごいスピードで走り抜けていくときの恐怖感だ。こういう場所でロードバイクに乗るときは気をつけないとマズい、と改めて感じた。

今ではロードバイクに乗るとき、人がいるところでは十分な距離をとったり減速したりと、かつて以上に配慮をするようになった。

立場が変わると、ものの見方も変わる。これは、ランニングをするようになっていなかったら気づかなかったことだ。

さて、鴨川沿いの長距離走ですっかり気をよくした僕だったが、その後がいけなかった。

午後からは時代劇の撮影。椅子ではなく床に座った姿勢から立ち上がったり、また座ったりの繰り返しだ。20km以上走ったばかりの脚は早くも筋肉痛になり、姿勢を変えるたびに痛みが走る。

「調子に乗って走るんじゃなかった」と、ちょっとだけ後悔したのだった。

僕の師匠、ナイキ先生

距離不足で初マラソン完走とは言えなくなった２０１５年の第1回横浜マラソンだが、3時間12分というタイムでゴールしたとき、多くの人は僕がプロのランニングコーチについて練習しているものと思っていたらしい。

芸能人が初マラソンに挑戦するときは、そういうことが珍しくないからだろう。もしくは、「指導者なしでそんな記録が出るわけがない」と思われたのかもしれない。

でも、僕の場合はプロのコーチに手取り足取り走り方を教えてもらったわけでもないし、レースに向けてプログラムを組んでもらったわけでもない。いわば、すべて独学の自己流だった。

トレーニング内容は「Nike + Running」というスマホのアプリに示されたメニューを忠実に実践しただけ。僕はこのアプリのことを「ナイキ先生」と呼んでいる。強いて言うなら、僕の師匠はこの「ナイキ先生」ということになる。

アプリの使い方は実にシンプル。身長、体重、性別などのデータを登録して、自分の目標を設定する。近所をちょっとジョギングしたいというレベルから、レースで自己記録更新を狙う上級者まで選択肢は豊富にある。

僕の場合は「初級」レベルで、目標は「横浜マラソン」。データを入れてプログラムがスタートすると、カレンダー形式でメニューが表示される。

たとえば、週4回、この日は3km、この日は10km、この日は軽く体を動かしながら休養して、最後の日は5km走りましょうという具合にメニューが組まれる。メニューにはウォーミングアップ、持久力を上げるスピード練習、レース前の調整や疲労抜きという要素が盛り込まれている。

10月に練習を開始してレース本番の3月までの約半年間、ある意味「期分け」された形で、こうした要素がプログラムに組み込まれているのだ。

これは、右も左も分からない初心者ランナーにとって、かなりありがたい。バーチャルとはいえ、専用コーチがついているようなものだ。

■僕の師匠、ナイキ先生

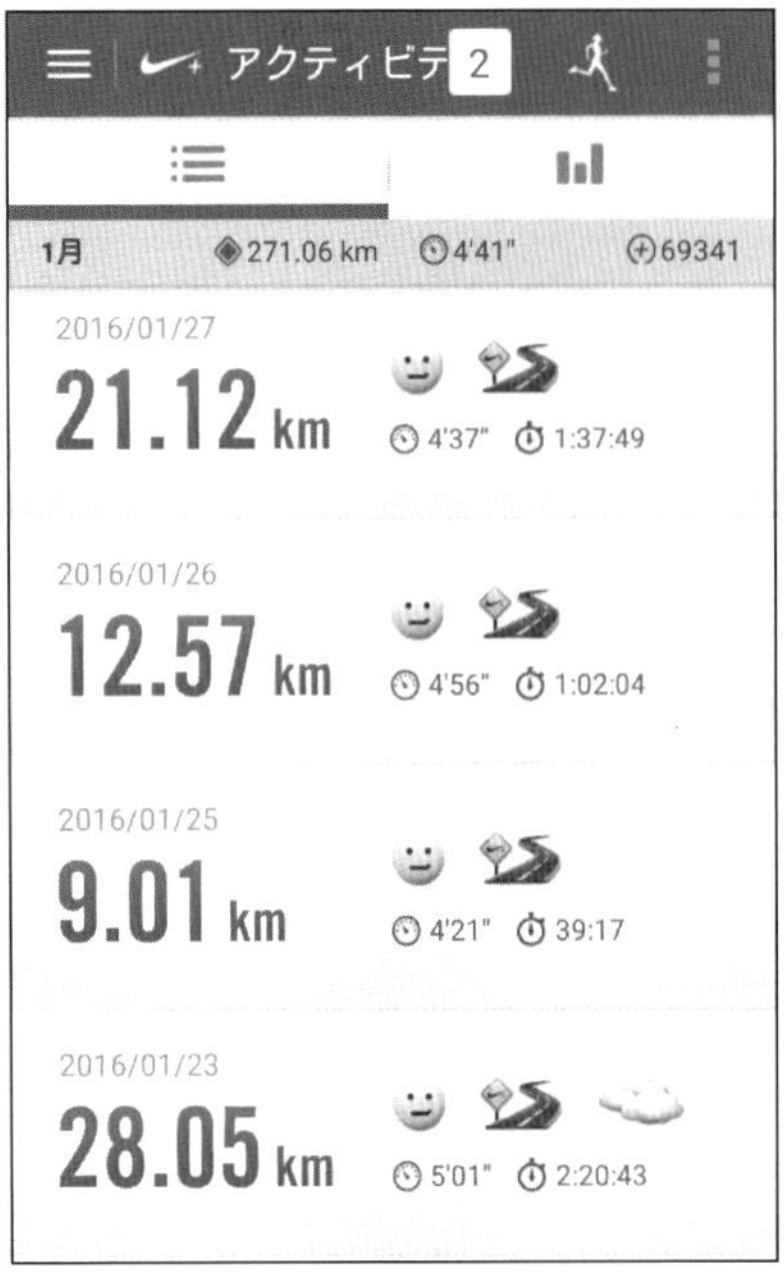

ナイキ先生が組んでくれたプログラムを忠実に実践

走ったコースとペースを色分けしたラインで表示

　実際に走ったコースはＧＰＳ機能でマップ上に表示され、１kmごとのスプリットタイムや平均ペースも表示してくれる。

　なお、ＧＰＳ機能の精度は使用する携帯端末に左右されるらしく、僕の場合、実際より距離がやや長く表示される傾向にあるので、厳密には計測できない。

　マップ上に表示されたラインは走るスピードによって色分けされていて、このへんではペースが速かったがこのあたりでがくんと落ちている、ということが一目瞭然。

　自分の走りを分析できるだけでは

ない。アプリ上で他のランナーたちとつながって、走った距離を比べることもできるし、自分たちのオリジナル大会なんかも設定できる。

誰が一番速いか、長い距離を走ったか、1か月で何回走ったか。遊び感覚ではあるが、こういう機能もモチベーションを維持するきっかけになる。「あの人がこれだけ走っているんだから、今日はあと2㎞余計に走ってみるか」といった気分になるのだ。

ナイキ先生からの手厳しい叱責

ナイキ先生に従ってコツコツと走っていると、トロフィーやバッジといったごほうび（もちろんバーチャルで）がもらえるのも、結構うれしい。

クリスマスや誕生日に走ると特別なプレゼントが進呈されたり、普段よりペースを上げて走ると「かつてない記録が出ました」というコメントがついてきたりする。

ナイキ先生のアプリは、米オレゴン州にあるナイキ本社で開発されたものの日本語版とのことだが、この遊び心はいかにもアメリカ人らしい発想だなと思う。

ナイキ先生のご褒美は、なにげにうれしい

走り始めた頃、他にもいろいろなアプリを試してみたが、やはりナイキ先生が一番シンプルで分かりやすいという結論に至った。しかも、これだけのコンテンツを提供しながら無料という気前のよさには驚きだ。

ちなみに僕は、芸能人だからといってナイキ社からサポートを受けているわけでもなんでもなく、1人の市民ランナーとしてナイキ先生に師事しているに過ぎない。

さて、僕ははるか昔、20代の頃、気が向いたときに当時住んでいた自宅近くの公園を走っていたことがある。でも、当時は自分が何km走ったのかという距離さえ把握していなかった。「だいたい4kmくらいだろう」という丼勘定で、タイムもペースも知りようがなかった。

走ってはいるけれど、果たして自分には体力がついているんだろうか？

以前よりちょっとは速く走れるようになっているんだろうか？
そういうことが客観的に分からないということは、ある意味苦役でしかない。だから、たまに走ってはすぐに放り出し、の繰り返しになりがちだった。

ところが今では、１人で走っていてもアプリのログによって、自分のランニングレベルの向上がひと目で把握できる。10年前には考えられなかったことだ。記録が残るというのは初心者でも上級者でも、すべてのランナーにとって、とても意義がある。

なにより、ランニング自体を面白くしてくれる。だから、こうしたツールはどんどん活用すべきだと思う。

とくに初心者の場合、知識のないままただがむしゃらに走っても、ランニングレベルを効率的に上げることは難しい。それどころか、休養を度外視した無謀な練習によってケガをするリスクも高くなる。

効率的に結果を出すよう組み立てられたアプリのプログラムは、そんなリスクの回避にも役立つ。

そういう僕も、先走ってしまったことがある。フルマラソン完走の自信を得た京都での23km走の日、ナイキ先生はそんなことをしろとは言っていなかった。

その日はクロストレーニング、ロードバイクやウォーキングやヨガのような走る以外のことで体を動かしましょうという提案がされていたのだ。

それにもかかわらず、なんらかの理由でその前のランニングメニューをこなせていなかったため、提案を無視して走ってしまった。

無事に走り終えたのはいいけれど、ナイキ先生はいたくご立腹。

「オーバーワークです！　ケガや故障の原因になります。練習内容を変えるのなら、設定レベルを上げなさい！」

そんな厳しいニュアンスで叱られてしまった。

以来、僕はナイキ先生の指示にできるだけ忠実に従うようにしている。

ランニングマシンでペースアップ

ランニングのいいところは、比較的時間がかからないということだ。ロードバイクの場合、半日もしくは１日かかってしまうことが多いが、ランニングは１時間もあれば十分な練習ができる。

旅先でもシューズとウエアを持っていくだけでＯＫという手軽さ。だからこそ、仕事の合間の１時間をなんとかやりくりして、週に４回、５回と走り込む日々を続けることができたのだ。

練習を開始して１か月が過ぎた11月、僕は時代劇の撮影でまたしても京都にいた。その日はホテルのジムにあるランニングマシン（トレッドミル）で走ることに。ランニングマシンで走るのは、フルマラソン出場を決めてから初めてのことだ。

10㎞を軽く流すつもりで走り出す。と、驚いたことにペースがこれまでになく上がっていることに気がついた。最初の１㎞こそ６分30秒程度のペースだったが、２㎞以降、１㎞４分30秒のペースになり、やがて４分20秒台になり、後半では４分14秒という、フルマラソン３時間切りのハイペースに。

「おお、このペースで走れるんだ！」

驚くと同時に、僕はこのとき自分が4分台で走れるという自信を得た。今思えば、〝いい意味での勘違い〟をしたのだ。

それまで横浜の自宅近くの公園で走っていたペースは、平均して1㎞5分30秒程度。アップダウンがキツいコースなので、それが精いっぱいだと思っていた。ところが、ランニングマシンでは1分以上もペースが速まった。

ひょっとすると、自分で自分に限界をつくっていたのかもしれない。


これで自信をつけた僕は、京都でのランニングでどんどんペースを上げていった。横浜に帰ってきていつものコースを早速走ってみると、平均ペースは1㎞4分45秒。10㎞を終始1㎞4分台のペースで走り終えることができたのだ。このときの僕は達成感でいっぱいだった。

後で聞いた話では、ランニングマシンは回転するベルトの上を走るので、地面を捕えて推進力に変えるための手間が省略されるそうだ。風の抵抗もなく、ベルトも超フラット。つまり、外を走るより楽に、それなりに速く走れてしまうという。

そうとも知らず、僕は外でのランニングと同じ感覚でペースが上がったと理解していた。〝いい意味での勘違い〟というのは、そういうことだ。

でもこの勘違いで、実際にアップダウンが激しい外のコースでもペースを速めることができた。

たとえ勘違いでも構わない。それによってブレイクスルーできたのだから。

「自分はイケる」

という感覚を持つことは、実はとても重要だと僕は思っている。

レース３週間前に内くるぶしを痛める

２０１４年の暮れから翌年１月にかけて、長距離走がメニューの中に度々入ってきた。言うまでもなく、ナイキ先生の指導だ。

20㎞、30㎞という長距離走を消化できたことによって、僕はますます自信を深めていった。最初はとても無理だと思っていた３時間半切りも、もしかすると実現できるかもしれない。

そして2月に入り、レース本番3週間前、いよいよレース前最後の長距離練習となる35㎞走に挑戦。いつもの公園ではなく、ロードバイクでよく訪れる鶴見川沿いのコースを走ることにした。

前半はまあまあ快調なペース。京都の鴨川ランニングで味をしめて以降、川沿いを走る爽快感にすっかりはまってしまった。

ところが、河川敷のコースを折り返してしばらくした20㎞地点の手前で、股関節と内くるぶしが痛み出し、ペースがガクンと落ちた。しかも右足の薬指にどうやら豆ができているようで、これもまた痛い。

なんとかやり過ごしながら35㎞を走り切ったが、その後がいけない。どんどんくるぶしの痛みが強まってきて、冷や汗が出てくるような感覚に襲われたのだ。

レース間際のタイミングでケガに見舞われるなど、シャレにならない。大慌てで知人にアスリートも通っているという西東京市にある整骨院を紹介してもらい、早速訪

ねてみると、

「回内足扁平《かいないそくへんぺい》です」

と診断された。

回内足というのは、かかとの骨が内側に倒れ込んでいる足のこと。ランニングで着地するごとに土踏まずが沈んでは戻るという動きが繰り返されるせいで、内くるぶしに負担がかかっているのだという。


これはランナーの間では「オーバープロネーション」と呼ばれている状態だ。もともと人は歩くとき、かかとの外側から着地して親指側に重心を移動させながら蹴り出している。この動作をプロネーション（回内）という。ところが骨の構造や歩き方のクセなどによって内側に過剰に重心が乗ってしまうのが、オーバープロネーションというわけだ。

地面からの衝撃を逃がすクッション役の土踏まずがいちいち潰れるということは、それだけ衝撃が内くるぶしにかかるということ。歩くだけならまだしも、ランニングでの着地時の衝撃は体重の約3～5倍もある。

そのまま走り続ければ、関節や筋肉、腱などに負担がかかり、重大なケガにもつながりかねない。

ケガの功名でフォームを改善

「シューズに土踏まずを底上げするインソールを入れてください。それと5日間くらいはランニングを休むように」

整骨院で言われた通り、帰り道でインソールを買い、5日間ランニングを封印した。レースまでもう間もないが、ここでジタバタしてもしょうがない。とりあえず痛みの原因が分かったので、ひと安心と考えることにした。

いったん走ることが習慣化してしまうと、ケガなどで走れないことは、結構なストレスになる。なにしろ、レースの日は刻一刻と近づいている。走れない5日間、ボーッとしているわけにはいかない。なにか参考になるランニング本を探しに行こうと思い立ち、書店に出かけた。走ること以外でも、できることはあるはずだ。

スポーツの書棚の前に立ち、まず驚いたのは、こんなにもランニング本というものがあるということ。初心者用のファンランのすすめからフルマラソン攻略法、女性向けや中高年向け、サブ4、サブ3用の練習法と特定のターゲットに向けたものも少なくない。

ついこの前までマラソン出場など考えたこともなかった僕は、世の中へのランニングの浸透ぶりに改めて感じ入った。

書棚をじっくりと物色し、手にとったのは次の2冊だった。

『走らないランニング・トレーニング』(青山剛著、マイナビ)
『金哲彦のはじめてのランニング』(金哲彦著、朝日新聞出版)

青山剛さんの本のタイトルは、まさに今の自分の状態。これは買うしかないと手にとった。その中で紹介されていたのが、「体幹スイッチエクササイズ」。これは腹筋、お尻の筋肉、肩甲骨の3点に刺激を入れる動きづくりで、脚の力だけに頼らない正しい走りをするためのエクササイズだ。

走れない5日間、この体幹スイッチエクササイズと、同じ本の中にあったストレッチをみっちりやってみることにした。

24種目のスイッチと28種目のストレッチを30分強かけて毎日やっていると、すぐに体に変化が現れた。肩甲骨の可動域が広がり、以前より効率的に体幹が使える感覚を得ることができたのだ。

ただ長い距離を走るだけでは正しい走りは身につかない。文字通り「走らないトレーニング」というものの大切さを改めて感じた。

金哲彦さんの本も大いに役立った。とくに参考になったのは、「着地のとき自分の体の真下に体重をかけることが重要」ということ。それまでの僕はとくに意識していたわけではないが、「ヒールストライク」というかかと着地の状態で走っていた。歩くときと同じような感覚だ。

でも、ランニングのときにかかと着地をしてしまうと、改めて体勢を立て直して、親指の根もとあたりにある拇指球《ぼしきゅう》で蹴り出す必要がある。つまり、1回1回ブレーキをかけているようなもので、非常に効率のよくない走り方なのだ。

その点、かかとではなく足の裏全体で着地すると、体重が体の真下にかかり地面から伝わる反力がそのまま推進力につながる。着地から離地までの動作をいちいち仕切り直す必要がなく、より効率的に、スムーズに走れるわけだ。

インターネットなどの情報で、「体重を真下にかけたほうが効率がいい」ということは知ってはいたが、正直ピンとこなかった。ところが、このときの僕は週に4、5回走るのは当たり前で月間走行距離は200km以上と、かなり走り込んでいた。

そういう経験をしたうえで、改めて「体重を真下にかける」ということを考えてみると、嘘のようにストンと腑《ふ》に落ちたのだ。

「なるほど、これまではドタバタ走っているような感覚だったけど、その場跳びのイメージで着地すれば、体に負担がかからないし走っていても安定するんだ！」

5日間の休養の後、「スイッチ」をやってから着地を意識し、いつものコースを10km弱走ってみた。痛みが出たらどうしようという不安はあったものの、インソールのおかげもあって快調に走ることができた。

しかも肩甲骨がよく動く。ランニングの姿勢が安定している。体重を真下にかけると確かに体にかかる負担も少ない。

それまで走れなかった日が続いたせいもあり、もっともっと走りたいという欲求がどんどん湧いてきた。これがレース2週間前のこと。

2冊の本に出会わなかったら最初のレースでの3時間12分は多分、実現できなかったと思う。もしかすると、本番でケガをしていたかもしれない。

あのタイミングで内くるぶしを痛めたことは、ある意味では大正解。ケガの功名とは、まさにこのことだと今は思っている。

僕は遅筋タイプかも？

２０１６年に再び横浜マラソンに挑戦することになったときも、ナイキ先生に指導をお願いすることにした。

「今年もよろしくお願いします」

とレース名とレース日を入力し、今回は上級レベルを選択した。なにせサブ3を狙おうというのだ。低いレベルからスタートするわけにはいかない。練習開始日は11月23日。前回のスタートは10月3日だったので、1か月半以上遅い始動だ。理由は分からないが、上級レベルでは基礎づくりの期間が省略されているのかもしれない。

ただ待っているのも不安だったので、9月頃から自分なりに練習を重ねた後、ナイキ先生のプログラムに従って走ることにした。

プログラムの内容は前回とあまり変わらなかったが、具体的なメニューではスピード練習が多い印象だ。たとえば5㎞走る日には最初の2㎞は自分のペースで走って、残り3㎞はペースを上げる。最後の1㎞は最速ペースで走るというように。

サブ3を目指す人に向けての本を手に入れて読んでみると、毎日ダラダラ走る人が多いがそれでは記録は伸ばせない、週2回はスピード練習やビルドアップ走を取り入れるようにと書いてある。

ビルドアップ走というのは、走り始めてから走り終わるまでの間、段階的にペースを上げていく練習法のことだ。

ただ、これがなかなかキツい。

自分のペースで10㎞、20㎞を走る練習はそれほど苦もなくできるが、週2回ペースを上げて追い込んでいくというのは、僕にとってはかなりハードだ。

以前どこかで、筋肉には「遅筋《ちきん》」と「速筋《そっきん》」があり、人によってその割合が違うという話を聞いたことがある。

ざっくりいうと筋肉は、パワーは小さいが持久的な運動が得意な遅筋と、大きなパワーを出せるが短時間しかもたない速筋の2種類がある。

2種類の筋肉の組成比率は人それぞれ。トップクラスのマラソン選手は遅筋が多く、スプリンターは速筋が優位だと言われている。

それでいうと、僕は遅筋タイプなのかもしれない。自転車でも、トラック競技より長距離を走るほうが性に合っているような気がする。そんなわけで、知識としては頭に入れていたスピード練習も無意識に避けていた。

フォアフット走法に初挑戦

そうこうしているうちに、あっという間に年が明けて２０１６年の１月。金哲彦さんがナビゲーターの１人を務めるランニング情報番組『ラン×スマ』（ＮＨＫ ＢＳ１）にゲスト出演することになった。

サブ３を狙う僕が、金さんにフォームをチェックしてもらうという企画だ。プロのコーチにフォームを見てもらうのは初めての経験だった。

金さんが言うには、僕のフォームはストライドが大きく、無理やり脚を前にもっていく走り方なのだという。

空回りしている分、効率が悪いとのこと。それを改善するための重心を下に下げる準備運動や下っ腹を意識するエクササイズを教えてもらった。

僕は学生時代に水泳をやっていたときのクセで重心が高くなりがちだ。水に浮くポイントはみぞおちに重心をもってくることだが、ランニングの重心はもっと低くてへソ下の丹田あたり。

重心を下げるには仰向けになってクッと腰を引き上げる腹筋が有効らしい。効果があるものなら、なんでも取り入れるのが僕の身上。この運動もルーティンに加えることにした。


それがひと通り終わると、金さんがおもむろにこんなことを言う。

「鶴見さん、サブ3を狙うなら平均ペースで4分12～15秒くらいで走らなくちゃダメです。その感覚を体でつかんでみましょう」

出た！　スピード練習だ。うっすら予想はしていたが、やはり避けては通れないらしい。

実際に走ってみようというとき、金さんはなぜか自転車にまたがっていた。ズルいなあと思いつつ、僕だけ走ることに。距離は5㎞。事前に金さんに体を調整してもらって、初めて爪先《つまさき》（前足部）で着地する走り方に挑戦してみた。

いわゆるフォアフット走法というやつだ。1㎞3分30秒くらいの超ハイペースで走り始める。

快調に走り始めた時点では、

「爪先で水面を跳ねるように走ると、こんなにスピードが出るんだな。カモシカになったみたいで面白いぞ！」

と思っていた。

もとより、1km3分30秒というペースは、僕にとってはとてつもないハイペース。仮にそのペースでフルマラソンを走り切れば、2時間27分台のタイムとなる。案の定、オーバーペースでとんでもなく苦しくなってきたうえ、ふくらはぎがビンビンに張ってきた。

でもカメラが回っているので、最後まで1km4分12秒ペースをキープして、どうにか5kmを走り切った。

「こういう練習を週2回取り入れてください」

と笑顔の金さん。

「ハイ、ありがとうございました」

とグッタリした僕。

その翌日、ふくらはぎが肉離れの一歩手前のような状態になってしまった。慌てて金さんに連絡すると、

「そりゃ大変だ！　しばらく走るのはやめてください。それからフォアフットでも、かかとはちゃんとつけて走らないとダメですよ」

昨年に引き続き、またしても5日間休養をとることになってしまった。

スピード練習の即効性

フォアフット走法は『Born to Run』（NHK出版）というベストセラー本で一躍有名になった走り方のことだ。

かかと着地より速く走れるということで、ランナーの間でかなり話題になった。ところが、フォアフット走法を取り入れてケガをする人も少なくなく、着地した後にかかとを地面につけるのかつけないのか、爪先ではなく拇指球で着地すべきではないのかなど、さまざまな意見が飛び交った。

今のところ答えは出ていない。ただ相性がいい人悪い人がいることは確かなようだ。僕としてはケガするかもしれないという感覚があったので、これ以降試していない。

さて、ふくらはぎが回復した後、金さんに言われた通り、週2回のスピード練習を取り入れることにした。

そこで、自宅近くにある400mの陸上トラックを走ってみた。トラックで走るのなんて大学の体育の授業以来だ。実際に走ってみると開放感は抜群、トラックの路面はアスファルトのロードに比べて足に負担が少なく、とにかく気持ちがいい。スピード練習には、もってこいの環境だ。

トラックを走るときのペースは1㎞3分49～58秒くらい。5㎞を終始4分を切って走ることもできた。

800mをハイスピードで走って、400mをゆっくりジョギングでつなぐという走り方を5本繰り返すインターバル走にも取り組んでみた。

こうした練習の翌日にペース走をすると、明らかにペースが上がる。それがちょっとした喜びだった。

考えてみると、わが家の周辺はランニングの練習という意味では、申し分のない環境が整っていた。一般的にはトラックを走る機会を得ることはなかなか難しいが、もし一般開放されているトラックを見つけたら一度走ってみることをおすすめしたい。

とはいえ、スピード練習は、僕にとってやはり高いハードルだった。何度かトライしてみたが、こんなにシンドいことをまたやらなきゃいけないのかと考えると憂鬱《ゆううつ》な気分になり、楽しかったランニングが急に苦役に思えてくる。

でも3時間切りを宣言してしまった以上、やるしかない。

スピード練習が終わった後は、「よくやった、明日のペース走は楽しいぞ」と自分に言い聞かせて、なんとか練習を続けていた。

金さんからアドバイスを受ける前は、自発的にスピード練習をやってみようという気持ちにはなれなかった。もし、もう少し前にこうした練習に取り組んでいたら、3時間を切れたかもしれない。などと今は思っているが、このときばかりは記録を伸ばすということは並大抵のことじゃないんだと改めて思い知らされた。

しかも、前回の記録より12分以上もタイムを縮めようとしていたのだから、われながら無謀である。

次回の横浜マラソンの練習では、この体験をぜひ生かしたい。もちろん、もうサブ3を目指すといった宣言をするつもりは、毛頭ない。

第3章

ロードバイクは
マラソンの素地づくりに最適

ロードバイクがマラソンの下準備に

たいした練習もしていない僕が、距離不足で幻となった初マラソンで3時間12分という記録を出せた理由は、なんといってもロードバイクのおかげ。そう確信している。ランニングとロードバイクは、ともに左右交互に脚を動かす運動だというのに、使う筋肉がまるで違う。でも、効率的に心肺機能を鍛えるという点では、ロードバイクはランニングに一歩勝っていると思う。

先日、久しぶりにロードバイクで長距離を走ったときのこと。坂道を仲間のペースに合わせて走ってみると、ランニングに比べて心拍数の上がり方がケタ違いに大きいことを実感した。

心臓にかかる負担は同じかもしれないが、ロードバイクでは長い上りが延々続くことが珍しくない。ランニングでは箱根駅伝の第5区でもない限り、長い坂を上り続けることはそんなにないだろう。

マラソンを走るためには42・195kmに耐えられる心肺機能と脚筋力が必要だが、前述したように金哲彦さんによれば、脚筋力よりも心肺機能の向上に時間がかかるという。

その点、僕はロードバイクである程度の心肺機能が培われていたから、初マラソンであの記録が出たのではないかと言われたのだ。ロードバイクがマラソンの下準備になっていたわけだ。

そこで、僕のこれまでのロードバイク体験を語っておきたいと思う。いきなり走り始めることにちょっと躊躇《ちゅうちょ》している人には、参考になるかもしれない。

最初は物置から引っ張りだしたマウンテンバイクから

僕が自転車に目覚めたのは、40歳になる直前。当時はゴルフに夢中になっていて、毎日のように練習場に通っていた。

しばらくは車で通っていたのだが、そのうち、練習場にはフルセットを持っていく必要もないから、クラブ2、3本を持って自転車で行こうと思いついた。

そこで、大昔に買って物置に入れっぱなしになっていたマウンテンバイクを引っ張り出して、早速乗ってみる。すると、思いもよらないことに新鮮な気分を味わえた。子どもの頃に自転車に乗っていた感覚とは全然違う。目線は高いし、スピード感も相当にある。歩くより速くて、車より機動力がある。風を切る感覚が楽しい。

ゴルフの練習場に行く道すがら、今日はあっち、明日はこっちと寄り道をするうちに、だんだん自転車に乗ること自体が楽しくなってきた。

僕はもともと東京生まれの東京育ちで、当時は横浜に住んで6～7年というところ。今とは違って、横浜は自分の地元ではなくよその街、という気持ちがどこかにあった。それまで車や徒歩で決まりきった道しか通っていなかったせいもあるかもしれない。ところが、自転車に乗るようになると自転車でしか行けない道があることに気がつく。そういう道を見つけてあちこち散策していると、「へぇ～、こんなところがあるんだ」という小さな発見がいろいろある。

今まで知らなかった抜け道を発見したり、通ったことのない住宅街を走ってみたり。断片的だった街の景観が少しずつつながって、線や面になっていく。自分が住む街のことをなにも知らなかったことに気づかされると同時に、横浜という土地にどんどん愛着を感じるようになっていった。

2015年の第1回横浜マラソンの計測ミスがニュースになったとき、僕がそんなに横浜をいじめなくていいじゃないかと反発心を抱いたのも、このときに培われた〝地元愛〟からだと思う。

後々、僕は輪行をして日本の地方や海外にちょくちょく出かけるようになる。輪行というのは分解した自転車を専用の袋に詰め、公共交通機関で運ぶこと。訪れた先々の土地で自転車に乗ると、面白いことに一瞬にしてそこが地元っぽくなる。短い時間で、その街の広い範囲をより深く知ることができるからだ。

ロードバイクで走っていると、地元の人もフレンドリーな態度で接してくれる。その土地で自転車に乗っているのは大体、地元の住人だからだろう。訪れてすぐに街に溶け込むことができるのも、自転車の魅力の1つだと思う。

マウンテンバイクで横浜から東京へ

さて、物置から引っ張り出したマウンテンバイクで最初は半径5㎞圏内のエリアを走っていたが、やがて10㎞、20㎞と距離がどんどん伸びていった。

もとはといえばゴルフの練習場に通うための手段だったが、いつのまにかゴルフはどこへやら、自転車に乗ること自体を目的に出かけるようになっていた。

そんなある日のこと、よく通っているカフェで自転車にはまっていることを話していると、店員の男性が、

「鶴見さん、そんなに自転車が好きなんですか。僕も自転車に乗るんです。今日は原宿まで行ってきたんですよ」

と、そんなことを言う。

「えっ、自転車で原宿まで行けるの？　大変じゃない？」

ギョッとして僕は尋ねた。

「快適な道さえ選べば、全然辛くないですよ」
「そうなの、自転車で原宿か……」
その翌日、僕はさっそく試してみることにした。

ちょうど都合のいいことに仕事はオフ。いつも髪を切ってもらう店が原宿にあるので、そこまでマウンテンバイクで行ってみることにした。往復の走行距離は約70km。午前9時に横浜の自宅を出発し、いつも車で使う幹線道路を走る。まだ道に詳しくなかったので、確実にたどり着ける大きな道路を選んだ。

車に乗っているときには気がつかなかったが、思った以上に坂がある。緩やかだがいくつもの坂を越えて行くとなると、結構体にこたえる。間近を走る車の存在に何度もヒヤッとする。

それでも止まることなく走り続け、県境の多摩川を越えて都内に入るときには、ちょっとした感動を覚えた。大げさに言うなら国境を越えるような達成感を得たのだ。

結局、2時間半かけて横浜から原宿の美容室に到着した。

「あれ、今日はどうしたの？　なんだか雰囲気が違うね」

ラフな格好で少し息を切らせた僕。普段とは違う様子を訝《いぶか》しんで、友人の美容師が尋ねてくる。

「自転車でここまで来たんだよ」

そう答えると、友人も周りのスタッフも全員が、

「ええっ、ウソでしょ！　どの自転車⁉」

今ほど自転車人口が多くない頃だった。横浜から原宿まで自転車で来たというだけでこれだけのインパクトがあるのか、とみんなの反応に驚くやら、うれしいやら。

その後、仕事先にも自転車で行くようになるのだが、自転車でここまで来たというたびに驚かれることが快感になってしまった。

髪を切ってサッパリしたところで、再び自転車に乗って東京から横浜へ。行動範囲が一気に広がったような気分を味わい、僕はひたすらご機嫌だった。

1日100㎞くらい平気で走れる

わら1本を手にした貧しい男が、わらに結んだアブを赤ん坊にあげるとお礼にみかんをもらい、そのみかんを水を欲しがっていたお金持ちの娘にあげるとお礼に絹の反物をもらい、その反物を馬と交換し、その馬が長者に千両で買われて、やがて男は大長者になったとさ。

原宿までのロングライドをきっかけに、まるで昔話の「わらしべ長者」のように、僕の自転車のレベルは上がっていくことになる。

僕にとっては、横浜から原宿までの往復でも大層なロングライドだった。でもたまたま、ベテランの自転車乗りの方と話をする機会があり、会話の最中、サラリとこんなことを言われたのだ。

「ロードバイクなら1日100kmくらい平気で走れるよ」

これには衝撃を受けた。70kmどころの話ではない。「いったい自転車でどこまで遠くまで行けるんだ?」と唖然《あぜん》とした。

ロードバイクは細いタイヤとドロップハンドルが特徴的な自転車で、世界最高峰の自転車レース「ツール・ド・フランス」の選手たちが乗りこなしている非常にクールな乗り物だ。

　ロードバイクなら１００㎞くらい平気で走れる。今ならそれくらい走れることは自転車好きならば誰でも知っているだろう。でも、当時の僕にとっては興奮するような情報だった。


　そのロードバイクとやらを手に入れるしかないと早速インターネットで探して、購入することにした。

　選んだのは「ダホン」という折り畳み自転車の有名ブランドから発売されていた分割式フレームのロードバイクだ。

　俳優という仕事柄、僕はあちこちの地方にロケに出かけることが頻繁にある。現場では待ち時間がとても長く、丸一日待機ということも少なくない。その時間を利用して自転車に乗ることを思いついた。分割式フレームのロードバイクなら手軽に地方に持っていけると考えたのだ。

愛車のダホンがわが家にやってきた日、さっそく触ってみるとなんだか勝手が違う。僕が知っていた昔のロードバイクは、前輪の後ろのパイプ部分（ダウンチューブ）に変速機のレバー（W《ダブル》レバー）がついていたが、このときすでに「デュアルコントロールレバー」といってハンドルの左右のブレーキバーが変速機と兼用になっていた。知らないうちにロードバイクの構造がずいぶん進化していることに、ちょっと感動してしまった。今では自転車乗りの端くれを自負している僕だが、こんな門外漢の時代があったのだ。

それからは愛車に乗って、江ノ島へ三浦半島へとあちこち遠出するようになった。それが、骨董品のようなマウンテンバイクに乗って原宿に出かけてから半年後のことだった。

初めてのレース出場

わらしべ長者のようなトントン拍子の進化は続く。さらにその半年後には、なんと自転車レースに出場することになったのだ。

僕が周囲の人間に自転車の面白さをことあるごとに触れ回っていると、あるとき学生時代の同級生が、

「なら、レースに出てみないか？」

と誘ってきた。

よくよく聞くと、彼は日本国内で唯一都府県をまたいで行われる「ツアー・オブ・ジャパン」という自転車レースに関わっていたのだという。

そのレース中に開催される『日刊スポーツ』主催の市民ロードレースに招待してくれるという話だった。

コースは23㎞と自転車にしては短い距離だったので、僕は興味本位でその友人にエントリーしてもらうことにした。

「市民レースというんだから、マラソンでいうところのホノルルマラソンみたいなものだろう」

という軽い気持ちだった。

レース当日、東京湾岸の大井埠頭に集まった70人ほどのレーサーたちは、見るから

に高価なロードバイクにまたがり、スタート前からピリピリとした雰囲気を醸し出している。

サイクルジャージこそ着込んではいるものの、明らかに場違いな僕。このとき、僕の自転車の実走距離は1800km。マラソンでいうと、今までトータル180kmくらいしか走ったことのない人間がマラソンに参加するようなものだ。

とんでもない素人が1人紛れ込んでいたという図式である。

とはいえ、新聞社主催のレースだけにカメラマンがスタートの瞬間を捉えようと待ち構えている。僕がこのレースに参加しているということは、あらかじめアナウンスされていて周知のことだった。

そんなわけで、僕は「画づくり」のためになればと、スタート前に「ちょっとすみません」と言いながら並んでいる選手たちの間を抜け、スルスルと一番前に出張っていった。今思えばこれは完全なマナー違反。芸能人の悪いクセが出てしまったのだ。

ロードレースのなんたるかも知らない素人の悲劇がここから始まることになる。

死ぬかと思った

号砲が鳴ると同時に一斉スタート。僕は意外なことに先頭で飛び出すことができた。

「おっ、先頭だ！」

と思ったのも束の間、1台、2台、3台、4台、5台と次々に選手たちが近寄ってきて、僕を中心に集団を形成してしまった。下手をすれば肩が触れ合うほどで、あまりに距離が近過ぎる。もう右にも左にも動けない。極度の緊張感の中、パッと備えつけのスピードメーターを見ると、時速45㎞！

「ええっ！　こんなスピード出したことないぞ、どうしよう！」

もうパニック寸前だ。


そのうちにヘアピンカーブが近づいてきて、

「右カーブ！」

「減速！」

と、怒号にも似た声が飛び交う。

選手たちは互いに競い合いながらも、ときにこうして協力して危険を回避していることを初めて知った。僕だけパニック寸前に陥りながら、必死に集団についていく。

「うわっ、これは絶対マズい」

と思った瞬間、左前方で何人かの選手が落車した。

転倒して苦悶の表情を浮かべる選手を間近に見て、すっかり戦意喪失した僕は、ジワジワと集団から後退し、抜け出た後は1人旅。完全に集団から離れて規定の周回を終え、ひっそりとゴールした。

「集団を離れちゃレースにならないよ」

という例の同級生に、

「ふざけんな！　こっちはあんなハードなレースだって知らなかったんだ。最初から教えてくれよ！」

僕は精いっぱい抗議した。冗談ではなく、本当に死ぬかと思ったのだ。

ホノルルセンチュリーライド

初マラソンで気分よくゴールしたときとはまるで違い、初めての自転車レースでは肝を冷やすような苦い経験をした。

といっても、僕がそれで自転車を嫌いになったかというと、そんなことはまるでない。むしろ、レースにエントリーしてゼッケンをもらって、スタートのときに「鶴見辰吾さんが出ます」とアナウンスされて、選手として扱われたことに気分をよくしてしまった。

そんなわけで次からはガチのレースではなく、サイクリングイベントに近いイベントに出ることにした。規定時間内にコースを何周できるかという耐久レースに友達と出場したり、自転車乗りにとっての楽しい「遠足」ともいえるホノルルセンチュリーライドに出場したり。

そのホノルルセンチュリーライドは、ホノルルの１００マイル（１６０㎞）コースを走るというイベントだ。１００マイルという距離はさすがにキツいが、スピードを競うイベントではないこと、ハワイという土地の持つハッピーな雰囲気、現地の人々のホスピタリティに支えられて楽しく走ることができる。

このときまで僕が一度に走ったことのある距離は１２０km、一緒に参加した妻にいたっては80kmだったが、結局２人とも楽しみながら完走してしまった。

初レースのほろ苦い経験以降、自転車イベントに参加したり仲間とのロングライドを楽しんだりと、自転車ライフは快適そのものだった。

そんなある日、再び僕の心に競争心が芽生えた。きっかけは「Mt.富士ヒルクライム」という日本最大級のレースに参加したことだ。

自転車の面白さに目覚めてそろそろ2年が経とうとしていた。

ヒルクライムとの出会い

Mt.富士ヒルクライムは標高１０３５ｍにある「富士北麓公園」をスタートして、富士山5合目にゴールするコースで、24㎞の坂道をひたすら上っていく。制限時間は3時間だ。

わずか24㎞とはいえ、標高差は1000m。体力的にはかなりキツい。

それでも非常に人気のあるレースで、エントリー枠は受付開始後あっという間に埋まってしまうという。

自転車を始めた頃の僕は、

「なにを好き好んであんなレースに出るんだろう」

と思っていた。言葉は悪いが、

「辛いことに喜んで挑戦するなんて、ちょっと変態っぽいな」

とさえ。

ところが、僕より後にロードバイクに乗り始めた仲間から、そのレースに誘われてしまった。自転車の後輩からの誘いを断るわけにもいかず、「せっかくだから一度くらいは出てみるか」とエントリーしてみた。

実際に挑戦してみると、ヒルクライムは想像通りやっぱり辛い。制限時間が長いのでバイクを降りて押していっても完走はできる。しかしながら、その選択肢は許されない。

「自分はなんでこんなバカなことをやっているんだ⁉」

という思いを何度も払いのけ、折れそうな気持ちを奮い立たせてひたすら上り続ける。ゴール直前、グッと勾配が上がる。ラストのラストで最もキツい坂が待ち構えていた。

「がんばれ、がんばれ！」

ゴールの5合目付近から降ってくる応援の声に励まされて、ようやくフィニッシュ。タイムは1時間34分だった。

ゴールの瞬間はやり遂げたという達成感に満たされたが、その後、ゴールタイムを知らされた僕の心の中には久々に「悔しい」という感情が芽生えた。

このレースでは1時間半を切ることが、マラソンでいう4時間切りに相当する。自分ではイケると思っていたそのタイムにあとわずか4分足りなかったということが、予想以上に悔しかったのだ。

悔しさはすぐに競争心にシフトした。心拍計を身につけ、自分の心拍数を常に把握しながらイーブンペースでパワーを出力する「心拍トレーニング」を始めた。ここまで緻密に自分の体力と相談しながらロードバイクに乗るのは初めてのことだった。

練習に練習を重ね、翌年の同レースでは1時間20分台でゴール。一気に記録が縮まったことにここしばらく感じていないような達成感を覚え、すっかり味をしめてしまった。

それからは、ヒルクライムレースに向けての練習を欠かさず、毎年のようにレースにエントリーするようになった。最初は参加する人の気がしれないと思っていたレースにどっぷりとはまり込んでしまったのだ。

自転車で培った心肺機能

ヒルクライムレースのために僕が実践した心拍トレーニングは、次のようなものだった。

心拍数は1分間に心臓が拍動する回数のこと。体を動かしたときには当然、拍動回数は増す。その限界値を最大心拍数といって、これが運動強度の目安となる。最大心拍数の60％くらいなら「ややきつい運動」、80％なら「かなりきつい運動」、90％なら「非常にきつい運動」という具合だ。

同じ運動をするにしても、心拍数が160でいっぱいいっぱいという人もいれば、キツいけれどまだイケるという人もいる。これは最大心拍数の差だ。

心臓をエンジンにたとえると、大きなエンジンが備わっているほど余裕をもって急坂を上れる。それと同じ理屈だ。

最大心拍数のざっくりした指標は「220－年齢」という公式で求められる。ただしこれは、あくまで目安であって運動経験によって下回りもするし、上回りもする。

僕の最大心拍数は当時で185程度。追い込んだ状態の心拍数は180くらいだった。これを目安に、最初は最大心拍数の60％強、心拍数でいうと120くらいからトレーニングを始めて徐々に強度を上げていき、150～160くらいの心拍数で10分間自転車をこぐ。

さらに追い込んで心拍数１８０を１分間キープ、その後心拍数を落としていくという練習を行った。イメージとしては１６０〜１７０くらいの心拍数をキープしながらパワーを出し続ける練習だ。

このヒルクライムの練習が、マラソンを走る際の素地を培ったと僕は思っている。本来、ロードレースは駆け引きがものをいうスポーツだ。最初から先頭を走っていると風の抵抗を受けて体力が消耗してしまうので、２、３番手につく。レース終盤、ここぞというタイミングでスプリント勝負に出て前にいる選手を刺す、というような算段をしつつ競っていく。

ヒルクライムレースは、そういった駆け引きとはまるで無縁。なぜならひたすら上りのコースなので、どう頑張っても高速スピードが出ないからだ。すると勝負の相手はおのずと他のレーサーではなく自分自身の気力や体力になる。自己記録にどこまで挑めるかが勝負というレースなのだ。

これはまさしく、マラソンと同じ。走れば走っただけ実力を身につけることができて、練習の成果がそのまま結果につながる。これもまた、マラソンと同じだ。

２０１６年の横浜マラソンで3時間切りにチャレンジするというとき、僕は追い込んで走るスピード練習に取り組んだ。

このときは心拍数計を取り入れていなかったが、今の心拍数は１６８〜１７０くらいだなということは感覚的に把握できていた。これもヒルクライム練習の賜物といってもいい。

体脂肪がみるみる落ちる

ロードバイクの大きなメリットが、もう１つある。無理なく脂肪を落として、適正な体重（体形）を保てることだ。

もともと太っていたわけではないが、40歳を間近にした頃、僕の体重は68kgか69kgだった。体脂肪率は19%。自分史上最高レベルに体重が増えてしまっていた。

俳優という職業柄、それなりに体形維持には気をつかっていたほうだと思う。スポーツクラブにも通っていたし、食事も食べ過ぎないように気を配っていた。

それでも、年齢相応ということなのだろう。若い頃に比べて体形の崩れは確実に進行していた。とはいえ、危機感を感じるどころか呑気なもので、

「年齢とともに体が衰えていくのは自然なことだし、それに見合った役を演じていけばいいんだし」

などと思っていた。

そんなわけでストイックに体形維持に励む気にはなれず、自らすすんでダイエットに取り組むことはなかった。

ところが、だ。自転車に乗り始めて1か月もすると、意図せず体重がドンドン落ちてきた。食事量を減らしたわけでもないのに、あれよあれよという間に体脂肪が落ちていく。

あまりに急激に痩せていくので、周りからは病気ではないかと心配されたくらいだ。44歳のときには、体重は60kg台を切って59・8kg、体脂肪率にいたっては8・7%。ある意味、以前とはもう別人だ。

それもそのはず、ロードバイクで1日100㎞走ったとすると、消費エネルギーは約3000㎉になる。この数値に、生きていくために最低限必要な基礎代謝がさらに上乗せされる。

30～40代の基礎代謝は平均1530㎉だから、合わせて4530㎉。これがどんなにとんでもない数値か、ちょっと詳しく説明してみよう。

厚生労働省が発表している「食事摂取基準」というものがある。健康に生きていくための食事の指標だ。

その中に、これくらいの年代の人は1日にこれくらいのエネルギーを摂る必要があるという「推定エネルギー必要量」が示されている。

それによると、30～40代の1日の推定エネルギー必要量は活動量が低い人で2300㎉、高い人でも3050㎉。1日100㎞自転車で走ると、それらをかなり上回ることになる。つまり、ちょっとやそっと食べ過ぎても太るどころか痩せていく計算になるのだ。

「ロードバイク→マラソン」という近道

ロードバイクで１００㎞走る。これはなにも特別なことではない。40代でロードバイクを始めた人が１００㎞走れるようになるまでは、一般的に思われているよりかなり早い。

標準的な体力を備えていれば、早い人で3か月程度でクリアしてしまう。成長するのが早いのでどんどん夢中になっていく。するとますます距離も伸びていく、という好循環にはまっていくのだ。そのいい例が僕だ。

最初は、

「自転車で１００㎞⁉」

と度肝を抜かれ、

「ヒルクライムレースなんて……」

と遠目に見ていたくせに、あっという間にすっかりロードバイクにもレースにも夢中になってしまったのだから。

レース前に追い込んで体重60kgを切ることもあったが、自転車を始めてからの平均体重は63kgに落ち着いた。今ではこのあたりがベスト体重だ。

こういうコンディションでランニングを始められたことが、僕にとっては非常にラッキーだったと思う。人に言わせると、走らずしてすでにランナー体型だったらしい。よく、ラグビーや野球などのスポーツ経験者がいきなりランニングを始めて、ヒザを痛めるという話を耳にする。それももっともな話だ。彼らはたいがいガッチリした体型をしていて体重が重い。再三言うようにランニング時にヒザ（脚）にかかる負担は、体重の3倍とも5倍とも言われている。

ランニングを始める前の体重は、男性なら80kgくらいの人も珍しくないだろう。すると、最大で400kgの負荷が一歩踏み出すごとにヒザにかかることになる。ヒグマの成獣がその都度、ヒザにのしかかってくるようなものだ。しかもスポーツ経験がある人は、昔とった杵柄《きねづか》で普通の人以上にギアを上げがち。余計にケガのリスクが高まってしまう。

そういう人はいきなり走り始めるのではなく、まずロードバイクで体脂肪を落としてからランニングに取り組むというのも、1つの選択肢だと思う。

もちろん、スポーツ経験者だけでなく、メタボ改善を目的に走り出そうとしている人にも、ロードバイクはかなりおすすめだ。

というのも、ロードバイクはサドル・ペダル・ハンドルの3点に体重を分散させて乗ることができる。しかも、地面に着地することがないので、ヒザにかかる負担はほとんどない。体に負担をかけずに余分な脂肪を落とせて、結果的に走るための体づくりができるわけだ。

もしフルマラソンを目指すとなれば、なおさらのこと。「ロードバイク→マラソン」という道程は、一見、遠回りのようでいて実は近道になるはずだ。

第4章

鶴見式コンディショニング術

食事は好きなものを美味しく

マラソンで高い目標タイムを目指している人にとっては、食事の仕方も大切な戦術の1つ。でも基本的な僕のスタンスは、「好きなものを美味しく食べる」ということに尽きる。ただし、その時々でやらなければならないことには、しっかり取り組むという条件つきだ。

たとえば初マラソンに挑戦するというとき、レース前年の10月から11月にかけては体を絞る食事を心がけた。当時の体重は65kg。フルマラソンを走り切るには、もう少し体重を落とす必要があると考えたのだ。それに年末になるとどうしても、つき合いの食事会が増える。絞るなら今しかないという気持ちもあった。

普段の食事では3度の食事ごとにお茶碗に軽く1杯くらいのごはんを食べていたが、絞り込みの時期は1日2食に切り替えた。朝食を食べて、あとは夕食までなにも食べない。その代わり、夕食は制限なしにしっかり食べる。この期間はアルコールを一切

■食事の内容：絞り込みの時期（1日2食）

朝	コーヒーと豆腐のケーキ
夜	紅茶、ブロッコリーの明太子ソース、ひじき、納豆、じゃがいも、まぐろ
朝	アボカドとトマトとツナのサラダ、ほうれんそうとひじきのお浸し、シリアル、ミルク
夜	（外食で）懐石料理
朝	アボカドと里芋とザーサイのサラダ、納豆、豆腐、トマト、シリアル
夜	さつまいもとツナ、レバー、こんにゃくごぼう、クリームシチュー、ねぎとにんじんのマリネ

口にしないと決めた。

ある日の食事内容を紹介すると、上記の表のようになる。

僕はなにをどうしてほしいとは言っていないが、妻が栄養バランスを考えていろいろと工夫してくれたのは本当にありがたかった。

ちなみに僕は、朝走る前には食べ物は一切口にしない。胃の中になにか入っていると異物感があるし、走りながらでは食べ物の消化吸収もうまくいかないからだ。

エネルギーは前夜にしっかり食べたごはんで十分まかなえると思っている。なので、水だけ飲んでランニングに出かけ、走った直後に1杯の牛乳を飲む。それから食事を摂るというスタイルだ。

ただ、これは僕の体やライフスタイルに合った方法であり、万人に適しているわけではない。そのまま取り入れるのではなく、体と相談しながら試してみてほしい。

いずれにしても、そんな食生活をしているうちに体が面白いように絞れてきた。ロードバイクでも体は絞れていたが、ランニングはそれ以上に体が絞れていくスピードが速い。

エネルギー消費量は、ランニングより長時間走るロードバイクのほうが断然多い。それにもかかわらず、ランニングのほうがより短期間で体脂肪が落ち、全身がバランスよく締まってくる。これは新たな発見だった。

遠方での撮影はまな板とボウルを持参

年が明けてレースが近づいてくると、今度は逆にごはんを多めに摂る食生活にシフトした。食事を1日3食に戻して、1食につき1合くらいのごはんを食べるようにしたのだ。

これは「カーボローディング」というより、体力をしっかりつけることが目的。カーボローディングは、走るためのエネルギー源となる糖質（グリコーゲン）を筋肉や肝臓に蓄積するため、ごはんやパスタなど糖質を多く含む食事をして、レース中のガス欠を防ぐためのものだ。

1月以降は、ナイキ先生の練習メニューがどんどんキツくなっていく。20㎞、30㎞と走ることもざらになってくるので、食べないことには体がもたない。

それに、ごはんをしっかり食べると、翌日のランニングの馬力がまったく違う。走り出すまでの倦怠《けんたい》感もなく、走った後の疲れもとれやすく、回復も速い。そんな実感があった。

テレビドラマなどの撮影時に配られるロケ弁は結構なボリュームがあるのだが、これもこの時期は軒並み完食。あまりそういう俳優さんはいないので、周りからは「ヤセの大食い」と思われていたかもしれない。

自宅で食べる1食1合のごはんは「玄米」。これはランニングを始める以前からのわが家の主食だ。もっと前は買ってきた玄米を食べる直前に精米して食べていたのだが、いつの頃からか妻が玄米そのものを食卓に出すようになった。

正直なところ、最初は食感が硬くて好きになれなかったが、食べ続けているうちに体の調子がよくなってきた。


玄米には各種のビタミンやミネラル、食物繊維が豊富に含まれている。その栄養のほとんどは米の外皮由来のものだが、ほとんどの人はその栄養の詰まった外皮をわざわざ取り除いた白米を日々食べている。よくよく考えてみると、なんだかもったいない話だ。

なにしろ玄米を食べるようになってからは便通がよくなった。よく咀嚼《そしゃく》するから食べ過ぎないし、慣れてくるとそれなりに美味しさが分かるようになった。以来、大好物のうなぎの日以外は、玄米を常食している。

おかずは肉や魚を交互に食べたり、野菜を多めに摂ったりするといった、よくいうバランスのいい食事を心がけた。ただ、難しいのは外食では野菜が摂りにくいということ。ロケが長く続くとロケ弁続きで野菜が不足しがちになる。

そこで、僕は地方へ泊まりがけで撮影に行くときは、小さいまな板と蓋《ふた》つきのボウルという、ちょっとした〝ままごとセット〟のようなものを持参する。近くのスーパーで野菜を買ってきてサラダをこしらえて食べるためだ。

このとき便利なのが、「アラジン」というアコーディオンタイプのフードコンテナ。提灯《ちょうちん》のように畳めるのでカバンに入れやすいし、使うときは広げて野菜を入れられる。シリコン製なので電子レンジで加熱もでき、温野菜サラダなどもつくれる。出張のお供にこれはぜひおすすめしたい。

こういう工夫で外食を避け、余分な塩分や油（脂）を摂り過ぎないこともコンディショニングの１つだ。

よくなにを食べていいか分からないという人がいるけれど、基本的には好きなものを食べることが一番いいと僕は思う。走っているということは、それだけエネルギーを消費しているということ。ご褒美として好きなものを食べなければ、なんのために走っているのか分からない。

しっかりと練習してしっかりと食べるということが、なにより体づくりにつながると思う。

真夏のヒートランニング

２０１５年の第1回横浜マラソンに出るために練習していたときは、多少雨が降っても走りに出かけていた。なにしろすべてが未知の経験。練習の機会を1つも逃すまいという気構えがあったのだ。

だが第2回横浜マラソンに向けたサブ3宣言後の練習では、雨の日に走ることはなかった。当日、雨が降ることもあるので、悪天候の日も走って慣れておいたほうがいいという意見もある。それはそれで正論だと思うけれど、僕は雨で体調を崩しては損だと思った。

6月に横浜の劇場で舞台の仕事があり、自宅から劇場までランニングで往復していたときだった。

舞台の演出家が僕にひと言、

「鶴見さん、なんだか疲れ果ててない？」

ただでさえ、舞台に立つということは体力を消耗する。芝居の前に走っていたら、それは疲れ果てるはずだ。梅雨どきでもある。演出家のひと言をきっかけに、ランニングでの劇場通いはやめた。

思えばロードバイクに乗るときの僕なりの条件の1つも、「雨が降っていないこと」だった。

視界は悪くなるし路面は滑るから、晴れた日に比べてはるかに事故のリスクが高い。それにわざわざ悪条件の下で走る必要はない。快適な条件で走ることが長続きさせるコツでもある。

ランニングもまた同じこと。そこで、雨が降ったりして走れないときは無理しないというロードバイクの原則を、ランニングにも取り入れることにした。

7月になって梅雨明けし、いよいよ季節は夏。ランナーにとってはもどかしいシーズンの到来だ。基本的にランナーの練習フィールドは屋外。直射日光を浴びることで体力が奪われ、熱中症や脱水症状を起こしやすい環境では、思うような練習はそうそうできない。

しかもここ数年、日本の夏はもはや熱帯地方並み。連日の猛暑日続きでは、とても走る気にはなれないし、そもそも危険だ。

そういうわけで、夏の間はランニングを休んでいた。ところがある日、トライアスロンをやっている友人のミュージシャンからこんなことを聞いた。

「夏場はヒートランニングをすると気持ちいいよ」

彼に言わせると、辛くなったら止まるくらいのつもりで、5km程度の距離をゆっくりと走る。これがヒートランニングとのこと。なるほど暑い最中でも、そんなに追い込まなければ、気持ちよく走れるかもしれない。

早速、8月くらいから早朝にヒートランニングをしてみることにした。

数字を見てしまうと頑張ってしまうので、このときはナイキ先生の同伴はなし。自主練のつもりで5～6㎞の距離をゆったりペースで走ったり歩いたりする。確かに気持ちがいい。

ペースもタイムも気にせず、気分や体感だけで気ままに走るというランニングは久々だ。澄んだ早朝の空気も清々しい。すっかり気分をよくした僕は、2日に1度くらいの頻度でヒートランニングをするようになった。

後に人から聞いた話だが、夏場に走っておくと気温が下がって涼しくなってきた秋口から、グッと調子が上がるのが分かるという。また別の人の話では、夏場はフィールドを山などに移して、登山やトレイルランニングなどで体力を養うという方法もあるそうだ。

ロードバイクの場合、レースのシーズンはランニングとは逆の夏。だから冬の間にLSD（スローペースで長時間走るトレーニング）をして体力を養うのがセオリーだ。ヒートランニングは、その逆だなと思った。

するとその言葉通り、気温が下がってくるのと同時にペースが上がった。それを体感できただけでも貴重な体験だったと思う。ただし、ヒートランニングをするときは十分な水分補給を忘れずに。

ケガの対処と予防

２０１５年は回内足扁平による内くるぶしの痛み、２０１６年はふくらはぎの炎症。どちらもレース直前、ランニングを休む必要があるほどのトラブルに見舞われたものの、致命傷には至らず、フルマラソンでそれなりの成果を出せたことは本当に幸運だったと思う。

ランナーにとって最大の敵は、予期せぬケガだ。ヒザの関節や股関節、すねの痛み、アキレス腱の炎症、こむらがえり……負担のかかる下半身は、さまざまなケガのリスクに曝《さら》されている。

ケガの原因はフォームの乱れやオーバーワーク、体のクセなど多種多様だ。また、走るのが習慣化したランナーだと、走ると多少痛むけれど日常生活ではなんともないと、多少無理をしてでも走ってしまう。それがランナーの性《さが》なのだが、それで結果的に症状が悪化することも多いという。

ランニング愛好者、とくにレースで上位を目指すランナーは、自己記録更新の強い願望を持っている。でも、その願望に従って無謀に突き進むことで思わぬケガに見舞われることになる。

僕はケガをして初めて、体のケアの大切さを身をもって知ることができた。

ふくらはぎの筋肉に疲労が溜まったときには、整骨院でほぐしてもらったり、自宅にある「コンペックス」というＥＭＳ（電気的筋肉刺激）機器で筋肉をほぐしたりしている。

このコンペックスはロードバイクをやっているときから使っているもので、周波数のレベルを一番高くすると勝手に腕が跳ね上がるほどの強い刺激を筋肉に与えるマシンだ。フォアフット走法でふくらはぎを痛めたときには、これを使って微弱の周波数でケアをしていた。

ただし、こうしたマッサージは普段から常にやっているわけではなく、あくまでケガや違和感のあるときに限っての話だ。基本的には、日々のストレッチで体をケアしている。

走った後は、67ページで紹介した『走らないランニング・トレーニング』という本にあるベーシックストレッチ28種目をひと通り全部やる。走る前は同じ本で紹介されている「スイッチ」という準備運動を20分くらいかけてやる。

走る前にスイッチをやることで、体がほぐれて目覚めていくような実感がある。「今日は走りたくないな」という日でも、スイッチをやっているうちに「よし走るぞ！」という気持ちになるのだ。

しかも、走り始めからハイペースで走れるということも大きなメリット。最初の2kmくらいはウォーミングアップでゆっくり走り出すというのがほとんどのランナーのスタイルだが、スイッチをみっちりやると、僕は体の準備がすでに整っているので走り始めからハイペースで飛ばすことができる。

というのも、走り始めたときから腕の振りや肩甲骨、骨盤の動きを自覚しながらフォームを維持できるから。あらかじめ体の各部位に刺激を入れておくことで、それらの細かい動きが手に取るように意識できるのだ。

クロストレーニングで積極的休養

偉そうに言う僕も完璧なケアができていたかといえば、そんなことはない。

２０１５年６月、自宅から横浜の劇場までランニングで通っていたことはすでにお話しした通り。そのとき、走っている途中で股関節の前側にある「大《だい》腿《たい》筋《きん》膜《まく》張《ちょう》筋《きん》」に痛みを感じた。

劇場までの道は平坦なコースだったので、僕は毎度、１km５分くらいの結構なハイペースで走っていた。

距離にして６km。走り出して４kmくらいで痛みを感じたが、あと２kmだからと走り通してしまった。これがいけなかった。

その後、しばらく痛みが続き、一番痛いときは歩くのも辛いくらいの状況になってしまった。原因は未だに不明。整骨院でほぐしてもらったりコンペックスで刺激を与えたりシップを貼ったりしたが、完全に痛みが消えたのは、もう秋口になろうという頃だった。

「痛みを感じたら、その場で走ることをやめる」

これがそのときに得た教訓だ。

痛みを感じたらやめるというのは、動物なら当たり前の話。犬も猫も野生動物も、具合が悪いときには下手に動き回らずじっとしているのを見れば分かる。ところが人間、とくにランナーという人種は、ときにその当たり前のことができない。我慢が利かないのだ。

僕なりの自己分析では、このときの痛みは筋肉に疲労が溜まっていたサインかもしれないと思っている。

初心者、いや結構なベテランランナーでも、こうしたサインを見逃してしまうことがあるという。

多くのランナーが休養することを嫌って、ひたすらランニングに汗を流しているのがその証拠だろう。

ナイキ先生はそのあたりのことも十分考慮していて、定期的にこの日はランニング以外の水泳や自転車、徒歩などを取り入れた「クロストレーニング」で休養するように、という指示を出してくれる。

専門的にはこれを「アクティブレスト」（積極的休養）という。休養するときにただグッタリと寝転がるのではなく、適度に体を動かしたほうが適度な血液循環が促され、疲労の回復に有効ということが実証されているらしい。

クロストレーニングの日、僕はもっぱらロードバイクに2時間くらい乗って40〜50kmの距離をのんびり流すことにしていた。

ランニングとはスピード感も距離感もまるで違うので、疲労回復と同時にとてもいい気分転換になる。それもまた、今までロードバイクをやっていてよかったと思ったことの１つだ。

こんなシューズで走った

フルマラソンに出場しようと決めて練習を始めたとき、僕は一番やってはいけないことをやってしまった。

4～5年前に買ったシューズを靴棚から引っ張り出して、そのまま走り出してしまったのだ。自転車のときも、最初は古いマウンテンバイクを物置から引っ張り出したように。一応、ランニングシューズという名はついていたが、ほとんどスニーカーに近いような代物だった。

自転車の場合は、古いモデルに乗ったからといって体に直接負担がかかるわけではない。ところが、ランニングシューズとなるとちょっと訳が違う。後でネットで調べたところ、

「シューズは必ず新しいものを買いましょう」

とあった。

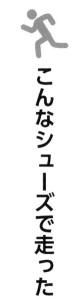

古いシューズは、たとえそれが新品のまま保管していたものでもソール（靴底）が劣化しているから、体に支障をきたすリスクが高いという。

その情報を得た僕は、慌ててランニングストアに駆け込んだ。購入したのは「ナイキ フライニット ルナ 2」というモデル。サブ4を狙う人向けのシューズでクッション性が高く、しかも僕の古いシューズに比べるとかなり軽量。

実際に履いて走ってみると、ソフトな感覚で走れて体にかかる負担が少ない。シューズ1つでこんなにも走りが変わるということに改めて驚いた。

最初のランニングの後、全身にとてつもない筋肉痛を覚えたのは、もしかするとシューズが古かったせいもあるかもしれない。

これを初代の練習シューズとして、レース本番までは4足近く履き潰した。これもネットの情報だが、シューズは3足くらい用意してローテーションしたほうがいいのだという。1回走った後、クッションが回復するのに時間がかかるので、複数を履き回すほうが、シューズにも体にも負担がかからないのだとか。

当時、僕が履いていたシューズは、どれもソールが厚くてクッション性が高いものだった。第2回横浜マラソンに挑戦しようというとき、金哲彦さんにそのシューズでサブ3を狙うのはキツいのでは、との指摘を受けた。

安定性やクッション性が重視されているソールが厚めのシューズは、その分、重量もそこそこある。

一方、サブ3を狙おうという上級者向けのシューズは、そうした機能を排除した軽量で反発性の高いものがほとんど。スピードを重視するためには、クッション性より機動性が優先されるためだ。

そこで、サブ3狙いで練習用に購入したのが「ナイキ フライニット レーサー」というモデル。フィット感が高く約160gと極めて軽量。なるほど、こういうシューズなら確かにスピード練習にも向いているかもしれない。

ランニングというスポーツは体1つで走っているようなイメージがあるが、シューズの機能に頼るところがかなり大きいことを体感した。

コンプレッションタイツを愛用

第2回横浜マラソンでは、本番用のシューズにミズノの「ウエーブエンペラー」というモデルを選んだ。

サブ3を狙うような上級者用のモデルで、これまでのシューズに比べて履いたときのダイレクト感が全然違うし、コーナーリングの安定感もある。

素足感覚とでもいうのだろうか。これを選んだのは、レースの3週間前にミズノの「ランニングフォーム診断システム」を受けたことがきっかけだった。「F・O・R・M・」というシステムで専用マーカーを装着し、ランニングマシンで10分間試走。その動きを専用カメラがモーションキャプチャーで計測するというものだ。

フォームの解析結果は、姿勢や脚の動き、体への負担など複数の項目で診断された総合得点で算出される。その結果をもとにすすめられた最適シューズがウエーブエンペラーだったのだ。

僕の総合得点は87点。スタッフの方によれば、まあまあの得点だという。改善点は肩の揺れが大きいことと、ガニ股気味ということ。ガニ股気味に足が出ることで土踏まずが潰され、内くるぶしが痛くなるということだった。

僕の回内足扁平は、やはり走り方にそもその問題があったようだ。

矯正すべき点が分かったので、納得するとともにひと安心。それ以降はまっすぐに足を出すように意識して走るようになった。レースの前に改善点が明らかになったことは、とてもラッキーだった。

「F.O.R.M.」は有料で誰でも受けられるシステムなので、レベルにかかわらずフォームの見直しをしたいという人にはおすすめだ。

ただし、どんなに性能のいいシューズでも、選び方によっては悪影響が出ることもある。

僕はランニングシューズを買うとき、普段履く靴より大きめのものを選ぶようにしている。普段履く靴は26㎝だが、ランニングシューズは27㎝。USサイズでは、いつもは7・5のところを8・5を選ぶ。ジャストサイズのランニングシューズでは、爪先が当たって爪が真っ黒になってしまうからだ。
豆ができたり爪が真っ黒になってしまったりすると、まだ体力は残っているのに痛くて走れないということになりかねない。子どもの頃、遠足に出かけたとき、元気なのに靴擦れが痛くて憂鬱《ゆううつ》になった経験をお持ちの方なら分かるだろう。

その他、ランニングギアで持っていると便利なものは、コンプレッションタイツ。着圧によって筋肉が刺激され、血流がよくなることで疲労回復を促してくれる。また、着地時に筋肉の振動を抑えてくれるので、長時間走るときは体への負担が軽減できる。今やランナーにとっての必需品といってもいいだろう。

僕が愛用しているのは、「ナイキ プロ ハイパークール」、ゴールドウィンの「C3フィット」、デサントの「スキンズ」、そしてミズノの「バイオギア」だ。
レース本番ではバイオギアを着用したが、コンプレッションの具合や股上が深く丹田のところまでカバーしてくれる装着感がとてもよかった。何本あっても損はしないので、いろいろなメーカーのものを試してみるのもいいかもしれない。

日頃の練習では「フリップベルト」という腹巻きのようなウエストポーチを愛用している。スマホやカギ、ちょっとした小銭入れにもなるポーチで、体にピッタリとフィットして揺れがない。

見た目にもスッキリしているし、つけていることにまったく違和感がないところが気に入っている。

20㎞、30㎞走という長時間の練習をするときは、水筒が携帯できるキャメルバッグやリュックなども重宝する。僕の場合は、そのバッグの中に肌寒くなったとき、さっと羽織れる軽量のウインドブレーカーを入れておく。

適切なギアを利用して、いかにストレスフリーの状態で走れるか、体の負担を軽減できるか。そんなこともコンディショニングの一環だと僕は思っている。

走ることが義務にならないように

幻となった初マラソンで、3時間12分という記録を出せた要因の1つに「周囲に目標を宣言してしまった」ことがあると思う。

初マラソンに挑むとき、僕は自転車仲間の前で3時間半を切ると宣言したり、スポーツ新聞の取材を受けたりした。この時点で、自分に課題を課したようなものだ。こんなことを言うのはおこがましいが、サッカー選手が「ワールドカップでベスト4を目指す」とか、オリンピック選手が「できるだけいい色のメダルを獲る」と宣言するのと変わらない。

レベルは全然違うけれど、今の自分にとって最大限の目標を掲げるという意味では同じことだ。

かつての日本人はとにかく謙虚で、オリンピックにしても「参加することに意義がある」という姿勢だった。それが今では、選手たちがはっきりとメダルの色を口にしたり、勝ちにいくという積極的な姿勢を見せたりしている。

これは非常にいいことじゃないだろうか。目標はあえて高く設定しないと、いつまでたってもそのレベルまで到達できないと思うのだ。

僕に関していえば、3時間半なんて切れるかどうかまるで分からなかった。それでも「怖いものなどない、言ってしまえ！」という気持ちだった。

宣言したタイムを達成できなかったからといって、どうなるわけではない。それに宣言したからには、目標に向けて最善のことをするはずだ。そう前向きに思っていた。

たとえば、「東京マラソンの抽選に受かっちゃったんだけどどうしよう」と密かに思っているより、

「受かっちゃったので走ります！」

と会社の同僚やプライベードの友達に宣言してしまったほうがいい。それは必ず、最善の努力をするモチベーションになるはずだ。

第2回横浜マラソンに出場する気になったのは、僕自身のリベンジでもあったけれど、地元・横浜のためという気持ちが大きかったように思う。

実を言うと、第1回横浜マラソンを走り終わった後、もうマラソンはやめようと思っていた。記録を狙って走ることは今後するまい、と。

第2回大会のときほどではないが、終盤はそれなりに体がキツく、とくに最後の数kmに関しては思い返すのも嫌なくらい、「もう2度とゴメンです」というほど辛かった。

それに自転車仲間からのプレッシャーもあった。
「辰吾さん、最近全然ロードバイクに乗らなくなっちゃったしな」
という冷ややかな目で見られていたのだ。

マラソンで3時間半が切れたのもロードバイクのおかげだし、もうロードバイクの世界に戻ろうと思っていた。

そんなところに距離の計測ミスがあったという発表。メディアも参加者もこぞって横浜マラソンの運営組織を批判するようになり、そんなにイジメなくてもいいじゃないかという気持ちが僕の中に溜まっていったことは前述した通りだ。

あの計測ミスがなければ、僕の第2回大会のマラソン出場はなかったかもしれない。2回目のマラソンの原動力の要となったのは、間違いなく地元・横浜への愛着だ。

批判の声が大きくなっていく中、僕はこんなことを思い返していた。

第1回大会の当日、会場に行くためのバスを待っていると、同じマンションに住んでいる人がやはりマラソンに出るような格好をして乗り込んできた。

「横浜マラソン、出るんですか？」

「いえ、私は高速の入り口付近でボランティアです」

そんな会話を交わした。

こうやって地元の人たちが僕らランナーのために気を配ってくれることで、大会が成り立っているんだ。そういう人たちの存在も第2回大会への挑戦を後押しした。

今後も体力が続く限りは、横浜マラソンにはなんらかの形で関わっていきたいと思う。自分が住む横浜を自分の手で少しでも盛り上げたいと思うからだ。

初マラソンの後、他のさまざまな大会に招待していただいたが、すべてお断りした。横浜マラソンにこだわりたかったし、もともと横浜で開催されるマラソン大会だから走る気持ちになったのだ。


他のマラソン大会に出ないわけは、こんな経験も影響している。

ロードバイクに乗るようになってから、あちこちのイベントに呼ばれて出かけていくようになった。すると、イベントに参加することがだんだんと義務になり、まるで仕事のようになって楽しくなくなってしまったのだ。

「やりたい」と好きで始めたことが「やらねばならない」という義務になってしまう。これでは本末転倒だと思った。

マラソンも同様で、記録を狙ってあちこちの大会に出るようになったら、走ることが楽しいどころか嫌いになってしまうかもしれない。

風光明媚なコースを目玉にしているマラソン大会は多いが、そういう景色を見るのはなにもマラソン大会でなくてもいい。ランニングシューズを持って遠方に出かけて、散歩がてら走ればそれで十分だ。

僕はロードバイクと同様にランニングも生涯スポーツとして続けていきたい。だからこそ、楽しく続けられるモチベーションの在《あ》り処《か》を見失わないようにしている。

日記で記録をつける

ロードバイクに乗り始めてからは、朝6時前には起床して活動を始めるという生活をずっと続けてきた。早寝早起きはルーティンだが、マラソンに参戦するとなると、さらに生活リズムの調整が必要だ。

2度の横浜マラソンでは、本番のおよそ1週間前から朝の起床時刻の調整を開始した。レースがスタートする時刻は午前8時30分だが、その3時間半前の5時には起きる習慣をつける。

というのも、なによりレース前にトイレをきちんと済ませておくことが最重要課題だからだ。レースの直前や途中で尿意や便意を催すことは絶対に避けたい。

よくマラソンの途中でトイレに駆け込むという話を聞くが、これは大変なタイムロスになる。ペースの組み立てにも、大きな影響を及ぼしてしまう。

起床時刻と同様、1週間前からは疲れや痛みを残さないよう、いつも以上に慎重に走ることを心がけた。第2回大会のレース前はこんな具合だ。

3月8日

韓国で映画ロケ。監督からこのシーンでタバコを吸ってくれと言われる。ああ、タバコを吸うのかとガックリ。

3月9日
陸上トラックを5km3分50秒ペースで走って苦しくなる。自分では1km4分で走っているつもりなのにどうしても突っ込んでしまう。

3月10日
5時50分に起床。7時29分から8kmを1km4分で走る。ラスト2kmはペースを上げる。

3月11日
朝5時に起床。あまりいい夢を見ていない。マラソンのペース配分を考えて「サブ3作戦」を練る。

3月12日
5時48分に起床。8時18分から軽めのラン。1km5分21秒ペースで4km弱を走る。

3月13日

レース当日。いつも通りの朝を過ごせた。本当にラッキー。

このように、僕は日記をつけている。なにもランニングのための日記ではない。書き始めてから12年くらい経つだろうか。あまりに膨大になってきたので、今年からはコンパクトな「10年日記」にまとめることにした。

10年日記とは、1冊で10年間日記を書き続けられるもので、各ページに同じ日付で、10年分書ける日記だ。

日記は夕食前につけている。日記の最後にその日の夕食のメニューを書くのがルーティンとなっている。

夕食以降のことは、翌日の日記に書くというのが習慣だ。こうやってずっと日記をつけていると、去年の同じ日はどこにいて、なにをしていたかがすぐに分かってなかなか面白い。

マラソン挑戦中は、この日記が練習日誌にもなっていた。去年の練習内容と比較することで、このときはああだったこうだったという気づきや学びがいくつもあった。

一番学んだことは、「練習はウソをつかない」ということ。最初は筋肉痛でフラフラになっていた僕が、日を追うごとに着実に距離も時間も延ばしていくプロセスがよく分かる。ケガや痛みの原因は、この日のオーバーワークにあったのではないかという反省点も見つけられる。

ストイックに記録をつける必要はないが、ざっくりとした練習内容や体調を日記に記録しておくことは、ランナーにとってとても意味がある。

マラソンでは、練習のピークをどこにもってきて、レースに向けてどうテーパリング（疲労抜き）していくかが非常に重要。そんなとき、毎日の記録が必ず役に立ってくれる。

第5章

人生50年目で マラソンから教わったこと

左ヒザの靭帯がない

これは、まだ僕が走り出す前の話だ。

２０１４年5月、僕は映画の撮影現場にいた。共演の女優さんがハリウッドのゴシップ雑誌を持っていて、待ち時間にそれを見ながら雑談をしていた。そのとき、とあるページが僕の目に留まった。

『ミスティック・リバー』や『ミルク』でオスカーを受賞した名俳優ショーン・ペンが、どこかのビーチでくつろいでいる写真がデカデカと載っていたのだ。

引き締まった腹に余分な贅肉はまったくない。腕も肩も胸もシャープに鍛えられたすごい肉体美だった。

彼は僕より４つ年上で当時53歳。その年の暮れ、僕は50歳を迎える予定だったが、彼の歳になるまでにここまでいけるかな？　と考えてしまった。

若い頃はジム通いをして、自宅にはダンベルもあり、独自に筋トレを習慣化していたこともあった。ただ、自転車に乗るようになってから、筋トレはしばらくご無沙汰になっていた。

自転車に乗るためには〝魅せる筋肉〟は必要ない。運動の特異性ということを考えると、むしろ邪魔になってしまうこともあるからだ。

ところが僕は、映画『太陽』という作品で「強靭な肉体の男が泳ぐ」シーンを撮影することになった。「強靭な肉体」というくらいだから、撮影までにそれなりの体づくりをしなければ役者の面目が立たない。

そこで、以前やっていた筋トレの習慣を復活させることにした。それが2014年10月のこと。そう、マラソンのトレーニングを始めた頃だった。以来2日に1回のペースで筋トレをしつつ走った。

レース本番の前は脚に疲労が溜まるのを防ぐため、下半身のトレーニングは控えていたが、今でも練習で走る前には必ず腹筋と背筋の運動をしている。

さらに、時間を遡《さかのぼ》ろう。

実は僕の左ヒザの靭帯は1本切れている。30代の頃から日本舞踊を始めたのだが、始めて間もなく左ヒザにものすごい痛みを感じた。

日本舞踊は腰を落として舞う踊りなので、ヒザにとてつもなく負担がかかる。あまりの痛みに医者に診てもらったところ、左ヒザの内側の靭帯が1本切れていることが分かった。

靭帯が切れるというのは一大事のはず。切れた瞬間、ブツッというような音がして倒れてしまうイメージがある。なのに、いつ切ったのか自分でもまったく覚えがない。医者に言わせると、よくあることだという。

日常生活にはまったく支障はなかったが、体を動かすとなると話は別だった。それまでにも、たまにジョギング程度で走ってはいたのだが、靭帯が切れていると知ってからは3～4㎞走るとすぐに左ヒザが痛むようになった。そんなこともあって、自分にはランニングは無理なんだろうとずっと思っていた。

それが「もしかしたら思い込みかもしれない」と気づかされるきっかけがあった。確か２００９年のことだったと思う。新聞で金哲彦さんと僕による持久系スポーツをテーマにした対談企画があった。金さんはランナーの立場から、僕はサイクリストの立場から、持久系スポーツが日常生活にもたらすプラス面を語り合うというものだ。

その対談中、

「僕は靭帯が切れているのでランニングは難しいと思う」

という話をすると、金さんは、

「その場でジャンプしてみてください」

と言う。次に、

「じゃあ、今度は片足スクワット」

言われるままにやってみると、それをじっと見ていた金さん、

「ああ、走れないことはないですよ。もし痛くなったらその場で歩いて、徐々に距離を延ばしていけば大丈夫です」

そう、こともなげに言う。

聞けば、ランナーの中には靭帯が切れている人が結構多いのだとか。

「そうなんだ。自分はランニングできない体と思い込んでいたけれど、そうじゃなかったんだ」

なにしろ、プロ・ランニングコーチの第一人者にそう太鼓判を押されたのだ。やろうと思えばランニングはできる。僕の中の深い部分にその情報はインプットされた。

苦手なことが得意になる快感

金さんのひと言で、自分は走れるというお墨つきをもらい、ショーン・ペンの肉体美に触発されるという下敷きがあったうえで、２０１４年７月、翌年３月15日開催の第１回横浜マラソンに挑戦することを決意した。

僕の深層心理のどこかに、50歳を前にしてこれまで苦手だったものに挑戦したいという願望があったのかもしれない。

そもそも僕は、持久系の運動というものがあまり好きではなかった。学生時代は水泳部だったが、水泳は重力から完全に解放された世界だ。陸上での長時間運動とは体にかかる負荷がまるで違う。

高校時代、冬になると体育で必ず持久走があって、それが憂鬱で仕方がなかった。水泳部でも冬場のランニング練習は、サボるか適当にダラダラ走っておしまい。大人になったら誰に頼まれても絶対にこんなことはするまいと思っていた。

それなのにロードバイク、そしてマラソンに出会った。そして、学生時代の価値観が180度転換してしまった。

自分が嫌いだったり苦手だったりして避けていたことに、どういうわけか挑戦することになり、いざやってみたら楽しくて気持ちのいいことだということを知ってしまったのだ。

苦手なことや嫌いなことを好きになって、やがてそれが得意分野になる。これは自分の世界観を広げることに他ならない。

人間関係に関しても同じことがいえる。以前は嫌いだった人と仲よくなるのはうれしいことだ。煩《わずら》わしかった人間関係がそこで解消されて、新しい世界が開ける。苦手なものにこそ、チャンスが潜んでいるのだ。

第1回大会でゴールを果たしたときは、まさにそんな感覚を味わった。陸上での持久系運動が苦手だった自分、左ヒザの靭帯が切れているせいでランニングは無理だと思っていた自分が、距離が足りなかったとはいえ、一応フルマラソンを完走することができた。しかも、掲げた目標以上のゴールタイムで。

その瞬間、自分がこれまで知らなかった新たな可能性が目の前にパッと開けた。文字通り、僕の中の世界が確実に広がったのだ。こういう体験は年齢がいくつになろうと関係ない。挑戦した人みんなが等しく味わえるものだと思う。

50歳にして、そんなことを僕は感じた。

睡眠の質が上がって理想の体に近づける

自転車を始めたときもそうだったが、走り始めたときにもやはり同様に感じたのが、「よく眠れるようになった」ということ。

僕くらいの年齢になってくると、なかなか良質の睡眠をとれない人が多いと聞く。でも、ランニングを始めれば、睡眠の量も質も改善するはずだ。

若い頃の僕は宵《よい》っ張りで、夜遅くまで仲間と酒を飲んだり、家にいるときは映画のビデオを観たりして、深夜1時過ぎまで起きていることはザラだった。

それが今や、食事を終えて眠くなったら寝る生活。短いときで6時間、長いときで8時間の睡眠は確保できている。

最近では夜できなかった用事を朝起きてからやるようにして、ますます早寝早起きのリズムが身についた。レースの前は、朝5時半に起きても「寝坊した」と思うくらいだ。

また、ランニングは体形維持という意味でも非常に有効だ。初マラソンを走るにあたって僕は2か月間食事を節制し、絞り込みの時期を設けたが、面白いように体脂肪を落とすことができた。

ロードバイクのときは乗り始めてから1か月くらい経ってから体重と体脂肪が落ちていったが、ランニングはそれよりずっと効果が出るのが早いのには驚いた。

前述したように、ランニングに比べるとロードバイクは乗っている時間が長いので、エネルギー消費の面ではランニングに断然勝る。それなのに、ランニングのほうが短期間でするすると体が絞れていくのだ。

一説には、内臓脂肪は振動を与えることで、より燃えやすくなるという話もあるらしい。それが本当だとすると、なるほどと納得できる。

というのも、自転車乗りにはお腹が出ている人が結構多いからだ。その一方、日常的に走っているランナーで、お腹だけポッコリ出ている内臓脂肪型肥満の人は見たことがない。

ロードバイクで走っていると細かな振動はあるものの、よほどの悪路でない限りそれほど大きな振動が体に伝わることはない。

それに比べるとランニングは、一歩踏み出すごとに確実に振動が加わる。脂肪燃焼という意味で、ランニングには消費するエネルギー量だけでは計り知れない効果があるような気がする。

よく考えてみると、「ツール・ド・フランス」などの自転車レースでは、連日２００㎞くらいの超長距離を23日間もの日程で走り続け、最終的な勝敗が決まる。年によってコースは異なるが、総走行距離は３０００㎞以上、高低差２０００ｍ以上の過酷なコースを走るのだ。

これをマラソンに置き換えるとどうだろう。

42・１９５㎞というフルマラソンの距離を、連日真剣に20日間以上も走り続けられるだろうか。もちろん無理だ。そう考えるとランニングが、体に相当な負荷をかけていることが想像できる。

また、ロードバイクの場合は、肩のあたりの筋肉が落ちてしまうことが多い。ランニングのように肩を振らずにずっと一定姿勢を保っているからだろう。

その点、ランニングの場合、全身運動なのでバランスよく筋肉がつき、バランスよく体脂肪が落ちていく。

僕の経験からすると、理想の体に近づくという点ではランニングに軍配が上がると思う。メタボ体型を改善したいという人は、まず自転車で適正体重に落としてからランニングでシェイプアップを目指してみてはどうだろう。

人間本来の能力を取り戻す

自宅から横浜駅までの距離は、およそ３㎞。これまで僕はずっとバスやタクシーを利用していた。

ところが最近は、天気さえよければ歩いていくのが当たり前になった。たまにジョギングで駅まで向かうこともあるのだが、そうするとバスやタクシーより早く着く。

バスで横浜駅に向かうとなると40分は見ないといけない。ところが、ジョギングで横浜駅に向かうと、ドア・トゥ・ドアで25分もあれば電車に乗れる。

このことに気づいたのは、ある日、たまたまバスに乗るタイミングを逃してしまったことがきっかけだった。どうしようかと思っていたとき、

「あっ、走ればいいじゃん」

と気がついた。

すると、バスで行くより1本早い電車に乗れたのだ。これにはちょっと驚いた。なぜ今まで気がつかなかったのだろう。


よく考えてみると、車が通れないような小道を徒歩で通っていくと、最短距離で駅までたどり着くことができる。そこを走れば、さらに時間が短縮できる。しかもタダ。いいことを発見してしまった。

以来、急いでいるときでもタクシーではなく、ジョギングと決めている。

こういう新しいルートが発見できるのも、足腰がしっかりしているからこそ。自分の脚で移動できるということは、生き物として根本的な強さだと思う。

たとえば2011年の東日本大震災のとき、公共交通機関の機能が麻痺し、首都圏

は帰宅困難者であふれ返った。不安な思いをした人もたくさんいただろう。

でも、いざとなれば歩いても走っても帰れると思えば、余裕を持って対処できる。自宅が八王子にあったとしよう。都内有数のオフィス街・丸の内から八王子までの距離は約40㎞。具体的な距離の想像がつかないと「どうやって帰ればいいんだ」と不安になるけれど、フルマラソンより距離が短いと分かっていれば、「歩いて帰ればいいや」と感覚的に思える。

23区内の移動であれば、もっと距離は短いのでさらに余裕が持てる。

あのとき、必要もない自転車を買ってしまったり、タクシー待ちの大行列で疲れ果てたり、いつもと違うルートで帰って遠回りしてしまった人も少なくなかったと思う。でも自分の脚で歩いて帰ればなんとかなると思えれば、腰を据えて対処できる。これは生きるうえでのある意味「保険」のようなものだ。

人類が生き残っていくために最初に行った運動は、走ることなんじゃないか。僕は最近、そう思うようになった。人類の祖先はアフリカで生まれたと言われるが、その後、こんなにも世界各地に広がっていったのは「走る能力に長《た》けていたからだ」と。

逆にいえば、長距離移動ができたからこそ、人類は生き残ることができた。食糧を得るにしても、何日も何日もかけてマンモスを追いかけて、持久戦で相手がへばるのを待って仕留めるということをやっていた。

これは百獣の王ライオンにも世界最速のチータにもできない芸当だ。

ランニングをする前は、こんなことを考えたこともなかった。自転車はここ１００年くらいにできた道具を使って移動するスポーツだが、ランニングは遠い先祖たちが生きるために実践してきた営みだ。

最近では一歩一歩踏み出すごとに、そういう人類の野生の部分が呼び覚まされる気がしている。

ちょっと話が壮大過ぎるかもしれない。でも、もっと時代が下った江戸時代のことを考えてみても同じことが言える。当時は多くの人が東海道や中山道《なかせんどう》を脚で移動して、江戸と京都、大坂間を行き来していた。参勤交代のときは、どんなに遠距離でもお国から江戸までの道のりを大人数でぞろぞろ歩いていた。

走っていると、実際にそういう移動ができるということが実感できる。42・１９５㎞を走って移動することで、歴史をリアルに感じることができるというのは、僕にとって発見だった。本来、僕たちはそういう能力を持っていたのに、便利さと引き換えにいつの間にかなくしてしまった。

それをもう一度取り戻すような喜びがマラソンにはあるような気がしている。

青春時代の肉体を取り戻す

50歳前後になると、健康診断の数値が若い頃とは明らかに違ってくるのが嫌でも分かってくる。

老眼鏡を使わないと、細かい文字が読めない。若い頃には聞こえていた音が聞こえない。血圧の数値が高めになり、血液中の中性脂肪も増えてくる。

僕は長年自転車に乗ってきたにもかかわらず、昔は５７００㎖だった肺活量が、現在は5200㎖くらいになってしまった。

そういうことが目に見えてはっきり分かってくると、昔のように自分の健康を過信できないと思うようになる。その反面、気持ち的にはまだまだ若いつもりでいるし、ずっと若くありたいと思っている。

一方で、残りの人生も横目でチラチラ見据えているという悩ましい時期だ。今の日本では70歳代、80歳代まで生きるのは当たり前。そのとき元気な爺さんでいられるかどうか、その準備は今から始めておかなければ間に合わないような気がしている。

この間、こんな興味深い話を聞いた。

1992年と2002年の10年間で、日本の高齢者は歩行速度が11歳も若返っているというのだ。

2002年の時点で75歳だった人は、1992年に64歳の人が歩いていたのと同じスピードで歩いていたということらしい。

それはそれで明るいニュースだが、今後はどうだろう。生まれたときから便利な生活が当たり前という今の若い世代が高齢者になったとき、果たして体力の若返りは見られるのだろうか。

そういう意味でいうと、僕たちの世代は比較的幸運に恵まれていると思う。というのも、スポーツジムやエアロビクス、ストレッチといった言葉が世に出てきた頃に青春時代を過ごしたからだ。

スポーツメーカーもどんどん増えて、スポーツブランドをファッションとして取り入れ始めた時期でもあった。日常生活は確かに便利になってはいたけれど、スポーツを習慣にするということをごく自然に受け入れられる世代なのだと思う。

たとえば「トライアスロン」というスポーツが初めて日本で紹介されたとき、僕は高校生だった。

「水泳やって、自転車をこいで、さらに走るらしいよ」

「え〜、バッカじゃないの〜!?」

そんな会話を交わしたことを覚えている。だが今、僕の周りの仲間には同年代のトライアスリートがウジャウジャいる。

健康のために体を動かすことがいかに有効かは、僕らの世代は骨の髄から分かっている。だからこそ、運動していないと罪悪感のようなものを抱いたり、自分が怠けていたりするように思えてしまう。

心のどこかでは汗を流して運動したい。でも時間に余裕がなかったり、仕事で疲れていたりして、とても運動する気力が持てないのだと思う。でも、小さな一歩を踏み出すことで世界はガラリと変わるということを知ってほしいのだ。

「パークラン」を広めたい

僕が自転車を始めたとき、やってみたら面白いし仲間も増えたと言ってくれる同世代の人が結構いた。
２０１６年のマラソンを走った後、僕のフェイスブックに
「鶴見辰吾に負けてたまるかと頑張ったおかげで3時間切ることができました」
そんな書き込みもあった。

これは僕にとってはすごくうれしいことだった。もちろん、レースを目標にする必要はない。気持ちがいいから走る。ただそれだけでも、人生は劇的に変わる。

僕は今、「パークラン」というイベントをやりたいなと思っている。ロンドンでそうしたイベントがあることを飛行機の機内誌で知ったことがきっかけだった。

地元の公園に週末集まって、バーコードのようなものを配り、それぞれが勝手に走って記録を競うというもの。ヨーイドンではなく、それぞれのペースでランニングを楽しめるので、世界的に広がっているらしい。

たとえば、「横浜みなとみらい」にみんなで集まって、「山下公園」までの10㎞をパークランで競う。ランニングはちょっと苦手という人でも、海沿いで信号なしのこのコースなら、観光がてら気持ちよく走れるはずだ。

今後、機会があれば、ぜひやってみたいと思っている。

なにかやらなければいけないと思っている同世代の人には、ランニングはとてもおすすめだ。ロードバイクよりも身近だし、体の変化も速い。

ただし、体重がある程度重い人は、最初から無理しないことが鉄則だ。まず歩くことから始めて、無理しないレベルで走り出せばいい。そのうち、必ず心身に変化が現れてくるはずだ。

ちなみに、51歳になった僕は、今でも高校生のときに買ったリーバイスのジーンズをはくことができる。ちょっとした自慢だが、これもランニングのおかげだ。青春時代の肉体を取り戻すことは決して無理なことではない。

もしその気になれば、最終的にはフルマラソンやトライアスロンに挑戦することだって可能なのだ。走ることをきっかけに、多くの人に自分の意外な可能性を発見してもらいたいと思う。

おわりに

もう26年も前のことになる。当時25歳の僕は『ゴースト　ニューヨークの幻』という映画を観た。殺された銀行員の男がゴースト（幽霊）になって、最愛の恋人を助けるという、あまりにもベタな設定。デミ・ムーアの恋人役を演じたパトリック・スウェイジの鍛え抜かれたボディ。その両方に興を削がれてしまった。

銀行員がそんなに体を鍛えているわけがないじゃないか。ハリウッド俳優の役づくりに、リアリティを感じられなくなった。

〝筋肉バカ〟のような俳優に見られるのはゴメンだ。年齢相応に体がたるんでいくのが持ち味になる。情緒ともいえるだろうか。それが免罪符であるかのように、20代後半から30代にかけては趣味のゴルフをたまにやる以外、運動することはなかった。

宵っ張りでもあった僕がロードバイク、マラソンに目覚めた。今では日の出とともに起床し、リビングへ移動。シットアップベンチとダンベルで12種類の筋トレを36分以内に済ませ、アップダウンの多い10㎞のマイコースへと走り出す。7時前には自宅に戻り、仕事に出かける。

なぜ、そんな日々を送るようになったのか。突き詰めると、幸せのため。間違いなく、幸せでいたいから走っている。

ロードバイクもそうだが、健康に恵まれ、趣味に興ずる余裕に恵まれ、家族や仲間に恵まれ、走れていること自体が幸せだ。この上ない喜びであり、感謝すべきことでもある。ヒルクライムでも、マラソンでも、レース中はつらい。それでも完走し、自己ベストを出したとき、生きていて本当によかったと心底幸せに浸れる。

運動すると気兼ねなく食べてお酒を飲めることも幸せだ。この幸せを手放すくらいなら、僕は早起きしてでも走るほうを選ぶ。一度手にした幸せを手放すという選択肢は、もはやない。

幸せを得るには、それなりの代償を支払わなければならない。豊食の代償は生活習慣病ではなく、運動のほうがマシ。病気になれば、家族にも友人にも仕事仲間にも、心配や負担をかけてしまう。医療費が重くのしかかれば、この国に住むみんなの負担にさえなる。

以前は「私にはとてもできない」と言っていた妻だが、ロードバイクもランニングも、僕が強要するわけでもなく自ら始めた。きっと僕が幸せそうに見えたからだと思う。今ではロードバイクで160km、ランニングでは18kmを走るようになった。そんな妻といて楽しい、幸せだ。

有酸素運動は脳の記憶を司る「海馬」の容量を大きくするという研究結果もあるそうで、僕もランニングを始めてから、若い頃より長いセリフの出がよくなったと感じている。「まだまだイケるぞ！」という気にもなる。

このようにマラソンを通じて、ぜひみなさんにも幸せになっていただきたい。とくに50歳代前後の御同輩には、健康になるきっかけとなればうれしい。僕の挑戦が少しでも多くの人の刺激になれば、著者としてこの上ない幸せだ。

２０１６年10月　　鶴見辰吾

〝幻の初マラソン〟となった第1回横浜マラソンに向けての走行距離

2014年10月

3日　6・09km
6日　6・42km
9日　7・75km
11日　10・71km
13日　12・13km
16日　23・93km
18日　10・32km
20日　12・06km
21日　6・44km
23日　4・74km
24日　9・78km
27日　4・97km
28日　9・35km
31日　0・31km
31日　7・15km

月間走行距離132・15km

2014年11月

2日　6・07km
3日　6・69km
4日　10・27km

5日　6・67km
7日　8・05km
8日　12・17km
10日　8・76km
11日　10・88km
13日　10・33km
14日　7・30km
15日　10・95km
17日　13・70km
19日　10・23km
20日　5・38km
21日　10・70km
22日　5・34km
24日　6・10km
25日　8・57km
26日　5・39km
28日　5・27km
29日　10・91km

月間走行距離179・73km

2014年12月

1日　5・32km
2日　10・03km
3日　5・34km
5日　5・29km
6日　13・90km
8日　6・70km
10日　13・70km
11日　7・02km
14日　2・47km
17日　11・03km
18日　11・10km

19日　9・45km
20日　16・81km
22日　7・12km
23日　11・29km
24日　9・02km
26日　8・60km
27日　21・29km
29日　8・30km
30日　11・51km
31日　8・38km

月間走行距離203・67km

2015年1月

1日　8・26km
2日　21・60km
5日　8・72km

9日　9・28km
9日　4・57km
11日　7・38km
12日　7・02km
13日　13・60km
14日　7・03km
18日　10・67km
19日　12・06km
20日　8・78km
21日　8・04km
23日　8・06km
24日　26・91km
26日　8・07km
27日　13・21km
28日　8・10km
29日　8・15km

31日　27・30km

月間走行距離226・81km

2015年2月

2日　8・08km
3日　5・63km
4日　8・06km
7日　30・03km
9日　8・06km
10日　13・29km
12日　32・68km
14日　8・11km
15日　8・07km
16日　20・42km
17日　8・07km
19日　8・10km
20日　8・09km
21日　36・04km
26日　9・20km
27日　7・19km
28日　3・00km
28日　3・00km

月間走行距離225・12km

2015年3月

1日　8・70km
2日　3・15km
2日　3・08km
3日　5・45km
4日　8・26km
6日　6・60km
7日　19・33km

9日 3・45km
9日 2・98km
10日 14・52km
11日 5・13km

12日 8・07km
14日 3・26km
15日 42・195km

第1回横浜マラソン

リベンジを誓った第2回横浜マラソンに向けての走行距離

2015年9月

6日 9・97km
11日 8・07km
12日 3・24km
12日 2・91km
13日 9・26km

14日 3・11km
14日 2・95km
15日 13・17km
16日 3・22km
18日 12・02km
19日 8・24km

20日　11・43km
21日　13・20km
21日　1・66km
22日　3・08km
22日　3・02km
24日　11・38km
26日　12・48km
27日　12・55km
28日　11・43km
29日　11・37km
30日　12・76km

月間走行距離180・52km

2015年10月

2日　11・43km
3日　11・45km
4日　11・47km
6日　11・45km
7日　0・01km
7日　12・54km
9日　8・65km
10日　11・43km
15日　3・27km
15日　2・42km
15日　6・61km
18日　6・32km
19日　5・69km
19日　7・47km
21日　6・05km
22日　11・64km
25日　11・60km
25日　3・23km

26日　24・06km
27日　3・21km
27日　2・89km
28日　11・52km
29日　11・53km
30日　7・01km
月間走行距離202・95km

2015年11月

1日　11・46km
2日　7・14km
3日　11・45km
4日　11・83km
5日　8・16km
9日　14・06km
10日　11・48km

12日　11・49km
13日　9・65km
14日　6・24km
15日　6・45km
16日　11・45km
17日　11・49km
20日　12・54km
22日　12・54km
24日　10・10km
25日　8・27km
27日　6・43km
28日　17・65km
30日　6・46km
月間走行距離206・34km

2015年12月

1日　11・39km
2日　12・71km
3日　6・21km
4日　8・28km
5日　6・50km
7日　6・26km
8日　11・48km
9日　10・09km
12日　20・63km
14日　8・10km
15日　13・44km
18日　11・18km
19日　23・49km
21日　8・10km
22日　11・32km
23日　11・40km
24日　8・26km
26日　27・62km
28日　8・24km
30日　13・90km

月間走行距離238・6km

2016年1月

1日　8・17km
2日　27・71km
5日　13・16km
8日　13・20km
9日　30・51km
11日　7・13km
12日　13・27km
14日　6・78km

19日　5・38km
21日　11・33km
22日　12・58km
23日　28・04km
25日　9・00km
26日　12・56km
27日　21・12km
28日　8・23km
29日　8・06km
31日　34・73km

月間走行距離270・96km

2016年2月

2日　10・26km
3日　7・18km
4日　37・78km

6日　12・08km
8日　12・22km
10日　6・59km
11日　6・65km
12日　21・25km
13日　11・07km
16日　17・21km
18日　19・01km
19日　10・05km
21日　35・11km
23日　7・48km
24日　13・03km
26日　1・89km
27日　3・46km
28日　4・01km
29日　4・07km

月間走行距離２４０・４km

２０１６年３月

1日　6・87km
2日　12・61km
3日　8・14km
5日　19・80km
9日　11・11km
10日　8・28km
12日　3・89km
13日　42・195km

第２回横浜マラソン

著者略歴

鶴見辰吾（つるみ・しんご）

1964年東京生まれ。ホリプロ所属。成蹊大学法学部政治学科卒。77年テレビ朝日ドラマ『竹の子すくすく』でデビュー。TBSドラマ『３年Ｂ組金八先生』（79年）、『高校聖夫婦』（83年）などが話題に。NHK大河ドラマ『軍師官兵衛』、映画『シン・ゴジラ』『舟を編む』、舞台『アドルフに告ぐ』など幅広く活躍。ロードバイク好き芸能人の元祖とされ、2007年には２代目自転車名人に選出される（初代は故・忌野清志郎氏）。15年３月15日開催の第１回横浜マラソンで、50歳にして初マラソンに挑戦。当初の目標タイムは「３時間半切り」だったものの、それを大きく上回る３時間12分58秒という驚異的なゴールタイムで完走、マスコミ等で話題となる。しかしレース後、距離不足が発覚し"幻の初マラソン"に。翌年、第２回横浜マラソンに参加し、３時間９分27秒の初公式記録で完走を果たした。

【大活字版】

51歳《さい》の初《はつ》マラソンを３時間《じかん》９分《ふん》で走《はし》ったボクの練習法《れんしゅうほう》

2019年５月15日　初版第１刷発行

著　者　**鶴見辰吾《つるみしんご》**

発行者　小川 淳

発行所　SBクリエイティブ株式会社

〒106-0032　東京都港区六本木2-4-5

電話：03-5549-1201（営業部）

装　幀　長坂勇司（nagasaka design）

組　版　一企画

編集協力　石飛カノ

印刷・製本　大日本印刷株式会社

落丁本、乱丁本は小社営業部にてお取り替えいたします。定価はカバーに記載されております。本書の内容に関するご質問等は、小社学芸書籍編集部まで必ず書面にてご連絡いただきますようお願いいたします。

本書は以下の書籍の同一内容、大活字版です

SB新書「51歳の初マラソンを３時間９分で走ったボクの練習法」

ISBN 978-4-8156-0228-4